凤凰师轩

行知工程
创新教学探索系列

# “备”出课堂精彩

## 备学式教学的课堂实践与思考

张旭兰 ◎著



江苏凤凰教育出版社
Phoenix Education Publishing, Ltd

**图书在版编目（CIP）数据**

“备”出课堂精彩：备学式教学的课堂实践与思考 / 张旭兰著. —南京 ：江苏凤凰教育出版社，2016.8

ISBN 978-7-5499-5664-7

Ⅰ.①备… Ⅱ.①张… Ⅲ.①课堂教学—教学研究 Ⅳ.①G424.21

中国版本图书馆 CIP 数据核字（2016）第 065924 号

| | |
|---|---|
| **书　　名** | “备”出课堂精彩——备学式教学的课堂实践与思考 |
| **作　　者** | 张旭兰 |
| **责任编辑** | 雷利军　张晓兰 |
| **出版发行** | 凤凰出版传媒股份有限公司 |
| | 江苏凤凰教育出版社（南京市湖南路 1 号 A 楼　邮编 210009） |
| **苏教网址** | http：//www.1088.com.cn |
| **照　　排** | 北京世纪鸿文制版技术有限公司 |
| **印　　刷** | 三河市九洲财鑫印刷有限公司 |
| **厂　　址** | 河北省三河市灵山大口 |
| **开　　本** | 787 毫米×1092 毫米　1/16 |
| **印　　张** | 13.75 |
| **字　　数** | 204 千字 |
| **版　　次** | 2016 年 8 月第 1 版　2016 年 8 月第 1 次印刷 |
| **书　　号** | ISBN 978-7-5499-5664-7 |
| **定　　价** | 30.00 元 |
| **网店地址** | http：//jsfhjycbs.tmall.com |
| **邮购电话** | 025-85406265,85400774　短信　02585420909 |
| E - mail | jsep@vip.163.com |
| **盗版举报** | 025-83658579 |

苏教版图书若有印装错误可向承印厂调换

提供盗版线索者给予重奖

# 序　言

我与张旭兰老师是在南通教育博客上认识的。之后，我们与范雪梅老师、金铁梅老师、朱美芬老师、赵红婷老师、单广红老师等组成了协同教育小学数学研究团队，深入开展以学为主导的理论探索，进行以备学式教学为主的课堂教学改革实践。

教育家夸美纽斯曾说过："找出一种教育方法，使教师因此可以少教，但是学生可以多学；使学校可以因此少些喧嚣、厌恶和无益的劳苦，独具闲暇、快乐及坚实的进步。"我们认为，仅仅在方法上改革是不可能使课堂教学有根本性的改观的。新课改进行了十几年，各种教学方法使人眼花缭乱，但除了公开课有所改变外，日常的课堂似乎"涛声依旧"。

针对这一现状我们提出了"师生协同为课堂主体，学习活动为课堂主导，课程标准为课堂主线"的教学理念，并将其概括为"学为主导"教学理念。

传统的"教为主导"的课堂剥夺了学生充分发展的自由，剥夺了教师主动创造与发展的自由，这是对生命发展的漠视。而"学为主导"的课堂强调将课堂定位于学生的"学"，其基本思路是，课堂教学既要尊重教师的"主导"，又要摆脱教师的"控制"，要从知识灌输型向自主探究型转变，引导学生备学，激活学生思维，让学生成为课堂的主人，让课堂成为学生灵性生长的舞台，其体现了对人的尊重，以及对人的发展的真切关注。

德国心理学家卡西尔曾说："人性并不是一种实体性的东西，而是人自我塑造的一种过程，真正的人性无非就是人的无限创造活动。"从这个意义上看，创新素质是人的本性表现，它体现为一种"自我塑造"。因此，课堂教学必须能促进学生的自主学习及创新素质的发展，使学生成为课堂的主人，使学习成为课堂的中心，这样才能释放学生自由和自主的天性。

基于我们的研究，张旭兰老师在本书中提出，为了有效、高效地开展协同学习，每个人都必须做好准备——备学，并提出了"以备立学，顺学而展"的操作范式。

备学，不是传统意义上的教师备课、学生预习。备学是让学生尽可能多地回忆、收集、整理与新知识相关的知识经验、生活经验、思维经验，从而使学生产生问题，激发学习兴趣和求知欲望，为新知学习做好充分的准备。在课堂上，教师该如何面对全班几十名学生带来的不同的"三种经验""三个问题"，以及层出不穷的生成呢？这就需要教师成为学习者，需要备学！

"以备立学，顺学而展"这一范式体现出四大特点：一是"人人备学"，每个学生都要备学，教师也要备学，备学可在课前，亦可在课上；二是"交流展学"，备学后，教师要为学生尽可能多地提供展示平台和互评机会；三是"同伴助学"，突出课堂合作学习小组建设，致力于培养学生的协作性人格特质；四是"教师导学"，学然后教，突出"顺学而展"的教学功能与教师定位，让"教堂"回归"学堂"，引导教师从"教师"回归"导师"角色。

课堂上，教师向学生学习后协同学生学习，学生与同学交流备学成果后协同同学解决问题，问题解决后通过讨论产生三个新问题，通过三个问题又可以归纳出课堂学习目标；来自学生集体的学习目标又会转化为教师课上备学（备课）的教学目标；教学目标与学习目标协同主导着课堂的进程……教师备课引导学生备学，学生备学引导教师备课，师生相互激活思维，教即为学，师生都是学习者，课堂变成了阳光灿烂、灵性生长、创新萌生的舞台。

最近我在研究课堂教学供给侧结构性改革，张旭兰老师的这本专著给我提供了很好的开创性的实践范例，同时为具有课堂教学供给侧结构性改革积极性的教师提供有效推进的策略。

课堂教学供给侧是指课堂教学资源或学习资源的供给。教材教参、教具学具、报纸杂志等都是课堂教学资源。课堂教学供给侧结构性改革是要改变课堂教学资源供给侧中的妨碍供给结构适应需求变化的以教材、教师或教案为中心的结构模式。

推进课堂教学供给侧结构性改革是当前和今后一个时期我国教学改革的主线。课堂教学供给侧结构性改革的任务艰巨繁重，可以简单地概括为一个核心、三个方面、五大重点。

首先，一个核心，即处理好教师和学生的关系。这是课堂教学改革的核心问题，也是课堂教学供给侧结构性改革的根本任务，目的是使学生在教学资源配置中起决定性作用，同时更好地发挥教师的作用。

其次，从长远看，就是要建立适应所有学生全面发展需求的课堂教学供给体系。这一体系包括微观主体、集体主体和主体协同三个方面，旨在完善课堂上师生、生生的互动机制，激发每一个主体的活力和潜力。

最后，从近期看，就是要全面落实破教材中心、破教师中心、破教案中心、减讲授时间、增生成资源的“三破一减一增”五大重点任务。

有人认为，学生在课堂上的学习成果取决于其思考能力和教学资源等学习要素的供给和有效利用。他们极力主张减少教师讲课的时间，提倡用预习单、导学案等来代替教师的讲，以刺激学生主动地学。但课堂教学供给侧结构性改革认为，这仅仅是从耳朵的被动接受转换为眼睛的被动接受，并没有发生实质性的改变。张旭兰老师提出的“备学”，则能从根本上改变这一问题。在课堂教学供给侧结构性改革中践行备学式教学，需要做到“三稳定二调动”。

第一，稳定原有课堂教学模式，在此基础上引导学生备学，把学生的课前预习引导到回忆知识经验、生活经验和思维经验上来，使学生带着问题走进课堂。

第二，稳定学生习惯的课堂互动方式，在此基础上优化小组合作学习方式，充分发挥小组合作学习调节课堂教学资源的作用，加强小组合作学习制度建设，逐步形成以学生小组合作学习为主的课堂集体学习机制。

第三，稳定学困生的课堂学习积极性。每个班级都会有学困生，在推进备学、推进小组合作学习的过程中，教师要特别关注学困生的状况，要对他们进行个别辅导，让他们尽快学会备学，学会提出问题，学会在小组合作学习中发表意见，以使他们在课堂学习中始终保持主动学习的状态。

第四，调动学优生做小老师的积极性。在课堂教学供给侧结构性改革中，要特别重视学优生的小老师作用，因为他们是备学的“样板”，是小组合作学习的骨干，是教师辅导学困生的好帮手。他们具有较强的交往能力、合作能力、组织能力，能带动其他同学各方面的发展。

第五，调动学生家长的积极性。家长资源是课堂教学资源结构中的重要组成部分，要推进课堂教学供给侧结构性改革，需要提高家长的认识，调动家长的积极性。充分调动家长特别是骨干家长、能提供丰富教育教学资源的家长的积极性，能保障课堂教学供给侧结构性改革中的各项措施落到实处，取得实效。

我希望大家也可以和我一样，从张旭兰老师的这本专著中得到启示，从而继续自己的教育教学研究。同时，衷心希望张旭兰老师的这本专著，能引起更多一线教师的关注，使更多教师主动选择“学为主导”的课堂改革。

**顾飞宇**

（顾飞宇，全国优秀教师，江苏省南通协同教育研究所首席专家，南通市科学技术拔尖人才，曾任南通虹桥二中校长、南通市崇川区教育局业务局长、政府教育督导室主任，现为中国教育学会中育学业质量保障研究所江苏分所副所长、江苏省教育学会和谐教育专业委员会副理事长。）

# 目录
Contents

## 第一章　以人为本，学为主导的真实立场



## 第二章　为学准备，学为主导的坚实基础

## 第四章 学为主导，当今教学的必然趋势

# 第一章

## 以人为本，学为主导的真实立场

教育应当回到应有的立场上去——真正地站在儿童立场，这是教育的本义。当我们真正站在儿童的立场，从儿童的视角去观察和思考问题时，我们才有可能促进儿童的思维向更深处发展。

“天地之性，人为贵。”这是一种常识，却常常被淡忘。在人和与人发展相关的问题上，教育面临着错综复杂的价值选择，如知识与人的个性兴趣，权威与人的创造性。然而在何为目的、何为手段、谁为谁服务的问题上，却常常是扭曲的、颠倒的。

在传统课堂中，教师大多采用注入式、“满堂灌”式的教学方式，教师“教”的痕迹比较重。很多教师关注的仅仅是如何顺利地走完教案，往往不愿给学生自主探索留下足够的时间与空间。新课改实施以来，人们越来越清晰地认识到：只有当书本知识不再压制学生的合理需求，当学生的兴趣和自主性被解放出来，当创新精神和实践能力成为学生发展的核心价值，当每一个个体受到关怀，学生才能从不恰当的“工具”角色中解放出来，教师才会开始关注师生共同学习的过程。

教师应从关注教学习转变为关注助学习。“教学习”和“助学习”虽只有一字之差，但“教”突出了教师的主动和权威，“助”则体现了教师的包容和禅让，体现了学生的主体性。可见以人为本，才是学为主导的真实立场。

## 第一节　现状：成人思维与儿童立场的交锋

### 一、从迥然不同的课谈起

之所以研究儿童立场这一问题，缘于一次听课活动。在一次市骨干教师课堂教学考核中，我有幸观摩了几位教师执教的“解决问题的策略（一一列举）”。此课的第一个例题如下：王大叔用 18 段 1 米长的栅栏围成一个长方形羊圈，有多少种不同的围法？对这一例题，不同的教师有不同的处理方式，也体现着迥异的数学教育观。现摘录两个片段如下。

**【案例一】**

1. **分析关键**

出示例题后，教师引导学生分析题意，使学生认识到围成的羊圈呈长方形，且该长方形的周长是 18 米。教师问：“长和宽需要同时满足什么条件？”教师请几个学生回答，他们都没说出教师预想的答案。教师继续启发：“你能求出一条长与一条宽的和吗?"在教师的反复引导下，学生终于说出了这样的结论：因为 18÷2=9（米），所以羊圈的长与宽之和是 9 米。

2. **讨论解法**

在得出以上结论后，教师提出问题："你能帮王大叔想出所有不同的围法吗?"教师要求学生与同桌讨论，并尝试解决这个问题。在此过程中，有些学生轻声讨论着，有些学生低头写着……之后，教师指定几名学生将结果进行板演。

3. **交流反馈**

反馈时，教师先出示了一份学生填写的表格。

| | | | | |
|---|---|---|---|---|
| 长（米） | 17 | 16 | 15 | …… |
| 宽（米） | 1 | 2 | 3 | …… |

从这份表格中我们可以看出，部分学生显然没有抓住解决问题的关键，他们没有根据"长宽之和为 9 米"这一知识点来思考问题。在教师的引导下，学生最终发现并改正了这一错误。

接着，教师又出示了一份学生填写的表格。

| | | | | | | | | |
|---|---|---|---|---|---|---|---|---|
| 长（米） | 8 | 7 | 6 | 5 | 4 | 3 | 2 | 1 |
| 宽（米） | 1 | 2 | 3 | 4 | 5 | 6 | 7 | 8 |

教师问道："你们认为这份表格上的数据对吗?"有学生马上发现了问题，即后面的几种情况与前面的重复了，应将后面的 4 种情况去掉。这时教师又问："这样填表有什么好处?"由此得出：解决问题要有顺序、有条理。

4. **探索规律**

教师问："我们共找到了 4 种围法，想一想，王大叔会选择哪种围法?"学生一致认为王大叔会选择长 5 米、宽 4 米的围法。于是，教师让学生分别计算这 4 种围法的面积。在学生计算完面积后，教师又问："观察表格中长方形的长、宽和面积，你发现了什么规律?"学生回答后，教师强调："在周长不变的情况下，长方形的长和宽越接近，长方形的面积就越大。"

**【案例二】**

**1. 读题分析，理解题意**

出示例题后，教师引导学生分析题意："题中告诉了我们什么信息？要解决什么问题？由此，你想到了什么？"通过分析让学生认识到：所围成的羊圈呈长方形，且该长方形的周长是18米。

**2. 分组操作，探寻解法**

在学生理解题意后，教师问学生："羊圈是不是只有一种围法？"学生表示，方法不止一种，于是，教师让学生小组合作探究其他围法。小组活动前，教师详细说明了要求："解决问题时，可以用小棒摆，也可以画图，还可以用其他独特的方法；先在组内讨论，确定解决问题的方法。"明确要求后，学生就开始了小组活动。

**3. 交流汇报，呈现结论**

教师组织学生分小组汇报研究成果。

第一小组采用摆小棒的方法。该组学生分别汇报了四种围法，并说出了其过程：把长依次减少1米、宽依次增加1米，后来发现有重复的情况，于是把重复的情况去掉了。

第二小组采用画图的方法。该组学生认为，18÷2＝9（米），所以长方形的长和宽之和为9米，9可以分成8和1、5和4、7和2、6和3。教师追问："大家有什么建议？"学生认为，他们应该按顺序排列。于是，教师进一步强调：解决问题时，要进行有序的思考。

第三小组采用计算的方法。该组学生认为，（长＋宽）×2＝周长，长＋宽＝9（米），于是，列出了如下式子。

18÷2＝9（米）

9＝长＋宽

9＝8＋1

9＝7＋2

9＝6＋3

9＝5＋4

第四小组采用列表的方法。显然，他们在列举各种情况时，也能进行有序的思考。他们填写的表格如下。

| | | | | |
|---|---|---|---|---|
| 长（米） | 8 | 7 | 6 | 5 |
| 宽（米） | 1 | 2 | 3 | 4 |

学生的汇报非常精彩，教师在肯定学生的基础上，继续引导学生展开思考："每个组的方法虽然不同，但有没有相同的地方？"教师引导学生认识到：解决问题时，大家都是按照一定顺序来思考的。教师顺势强调："这样有序地寻找答案，可以做到不重复、不遗漏。"

4. **深入思考，概括规律**

教师组织学生计算 4 种围法的面积，并让学生观察长方形的长、宽和面积的数据，找到它们之间的联系。学生在思考和辨析中很快就发现了规律：在周长相同的情况下，长方形的长和宽越接近，长方形的面积就越大。

**【观课感想】**

在案例一中，教师强调了解题的关键之处，为学生设计了思考问题的具体路径，但效果却不尽如人意。在案例二中，教师放手让学生尝试用不同的方法解决问题，结果，学生的创新想法喷涌而出，收到了意想不到的效果。

对比不同的教法，我深有感触。作为教师，我们是不是应该站在儿童的立场，多给儿童一些自由的学习空间呢？事实上，我们永远也不应轻视学生的探索能力和发现能力，案例二就是最好的证明。这两种迥然不同的课堂教学，为我们的数学教学带来了怎样的启示呢？

## 二、儿童立场异化之表现

新课改实施至今，数学教师的教育观有了较大转变，大多数数学教师已经开始重视教师的启发以及学生的参与度了。但仍有一种现象值得我们注意，在教学中，有些教师仍然更多地关注如何能够按照事先设计的方案顺利地进行教学，在这样的教学中，教师往往不能给学生的主动创造、互动交流留下足够的自由空间，可以想见，学生得到的也只是"大框架下的小自由"。在这种状态下，学生的主体性无疑正在被削弱，儿童立场正逐渐走向异化。

我们不妨通过以上两个课例及自己身边的课堂来分析一下儿童立场缺失的表现形式。

1. 用既定步骤扼杀好奇天性

好奇是儿童的天性。沃兹沃斯曾写出这样的诗句："有眼就要看，有耳就要听，意志不能阻挡，身体去感应万物。"在儿童眼中，周围的一切事物都是新鲜的，在每次新的活动中，都有使他们激动的事物，且使之急于探究。

案例二中，教师分析题意后，鼓励学生用不同的方法去解决问题，在探究活动中，学生的创新想法时时涌现，这位教师顺应了学生好奇的天性，给了学生学习的自由空间，教学效果极佳。而案例一中的教师希望学生能按照自己的思路去思考，要求学生牢固掌握相应的数学知识和技能，但课堂却毫无生趣，很明显，该教师制订的这种既定步骤扼杀了学生的好奇心。

2. 用浅层交流代替深度探索

在教学中，由于时间限制，有些教师常常会违背主动学习的原则，试图让学生用浅层的交流代替深度的探索。教师往往有这样的通病：无法留出足够的时间让学生自己去认真地思考问题。

案例一中，教师暗示解题思路后，就让学生讨论羊圈的围法，学生在结果展示中出现了诸多错误。众所周知，儿童的思维更多地建立在直观基础之上，他们常常需要利用实物操作和活动体验来辅助学习。"眼过千遍，不如手过一遍。"教师想让学生探寻羊圈的不同围法，仅仅凭借看和说是远远不够的，而应给学生自主创新的机会，让学生去探索，不能用浅层的交流代替学生深度的探索。

3. 用成人逻辑引导儿童思维

阿莫纳什维利曾说过："儿童回答教师提问的精确性，主要取决于儿童经验的逻辑性，而不在于事物本身的逻辑。"儿童的思维有自身的特性，其思考问题也有自己特有的逻辑。但在教学中，教师却常常用成人的逻辑引导学生的思维，给学生的学习制造人为的障碍。

案例一中，按照成人的逻辑，知道了长与宽之和，再确定长和宽的米数，对于学生来说应该是毫无困难了，但教师这般强调之后，还是有学生出现了错误。我在想，在解决这个问题前，是不是一定要强调羊圈的长与宽之和是9米呢？其实，在这位教师的潜意识里，对学生抱着一种深度的不信任，他不相信学生的学习能力。教师试图用成人的思维代替儿童的思考，在整个教学过程中，暗示、辅助的痕迹是那么明显，学生学得很被动，思维能力得不到培养，学习效果自然就不理想。

4. **用固化心理左右儿童行为**

很多成人习惯把自己的心理当作判断别人心理的标准，因而，就存在这样一种倾向：凡是同教师态度一致的学生，便受到鼓励；不一致的，便受到轻视或误解，这样就容易出现教师按自己的习惯去塑造学生的倾向。让学生去适应教师，学生所关心的主要是如何达到教师的期望，而不是尽力地去掌握教材中的知识。

在课堂上，我们常常看到这样的情形：对于学生的结论，教师经常追问："这样做对吗?"或"为什么这样做?"在这种暗示性问题的左右下，学生马上就会意识到自己的结论可能有误。在案例一中，当学生出现错误时，教师也是这样问的，学生自然也心领神会地改正了错误。如果学生的主要智力活动就是为了给出使教师满意的答案，其成就以适合别人的要求为标准，显然是不符合学习的要义的。

5. **用表面的顺利遮蔽儿童的真实**

有教育人士认为，当教师把课讲得非常完整、完美、无懈可击时，就把学生探索的过程取代了，而取代了探索的过程，无异于剥夺了学生学习的权利。课堂的"顺利"现象，看起来虽赏心悦目，实际上却存在着危险导向。因为在顺利的背后，往往预示着学生思维训练的弱化和创新能力的匮乏。

有些教师为了使教学"顺畅"，会有意设计一些过渡性的、暗示性的问题。教师这样做，就能将学生的错误或问题扼杀在"摇篮"里，达到"顺利"的目的。这样用表面的顺利遮蔽学生真实的思维历程，对学生的智力发展是极其有害的。

## 第二节 思考：让师生成为学习的真正主体

现在的课堂上，教师导得很多，课堂上的一切都在教师的掌控之中，甚至一些名师的课也不例外。特级教师闫学写过一篇名为《高效课堂有一种更伟大的美》的文章，现摘录部分如下。

有学者针对当下国内一线教师的课堂教学现状，将课堂粗略地划分为以下几种：高效课堂、低效课堂、无效课堂、负数课堂。自然，最理想的是“高效课堂”，最差的课堂不是“无效课堂”，而是“负数课堂”。所谓“负数课堂”，就是教学不但没有起到好的作用，反而对学生有害。出现这样的课堂固然有多种原因，但在我看来，一个很重要的因素是教师对课堂教学的控制。这种控制不仅表现在课堂教学环节上，还表现在对学生思维与情感的控制上。如果说对课堂环节的控制尚属显性的层面，那么对学生思维与情感的控制则更隐蔽，也更严密。

值得注意的是，这种控制不仅表现在一般教师的课堂中，在一些优秀教师的课堂中也不鲜见。我欣赏过不少优秀教师的课堂，常常感佩于这些教师在课堂上表现出的高度教学智慧。圆满的环节设计，精妙的教学语言，恰当的媒体使用，适度的鼓励夸赞，都是吸引孩子的妙方。但是，这样看似无懈可击的课堂，却恰恰隐藏了课堂中最大的问题，那就是这样的课堂更多的是完美的控制，是知识的最大化传递，而没有给学生更多的思考空间，没有激发学生追问的意识，教师只是把现成的真理从口袋里拿出来双手奉送给了学生。这样的课堂虽然展现了知识本身的美，学生却变成了知识的“俘虏”，逐渐丧失了自主寻求知识之美的能力，丧失了独立思考与判断的能力。

一直以来，为了更好地发挥学生的主体作用，很多教师尝试过预习这种方式，很多学者也对预习给予了很高评价，但预习能否促使学生的学习走向“自组织”呢？综观周围的课堂不难发现，当前的预习也存在很多问题。导学案的弊端是什么？是学生按照教师规定的步骤学习，这种预习本质上还是教为主导。

我们所提倡的备学，亦是自学的一种形式。备学，顾名思义就是为学习做准备。备学的目的是激活学生的三种经验，即知识经验、生活经验、思维经验。所有的新知都是在原有知识的基础上“生长”出来的。教师把将要学习的内容的主题告诉学生，让学生根据自己的知识经验、生活经验、思维经验对新知进行联想和类比。这里重在对与新知相关的原有知识的纵向联系。原有的知识很多，备学能将与新知有关的原有知识集中起来，这样更利于新知的学习。

预习和备学是有差别的：预习是预先学习，而备学是准备学习；预习是直接学习新知，备学是准备学习新知；从组织形式上看，预习后的课堂依然是以“他组织”为主导，而备学后的课堂则更多地体现了“自组织”；预习虽体现了自学，但更多的情况下是教师预设好了学案，学生根据教师的预设进行学习，而备学则把学生动员起来了，一旦学生开始主动备学、不需要教师引导就能备学时，课堂教学就会更多地从“他组织”走向“自组织”。

学生充分备学后，会拥有大量资源，此时，小组成员的交流展示则成为课堂教学中的重头戏，但这并不是否认教师的引导作用，教师在课上要做到“三必讲”：学生的好资源要归纳讲，在全班分享；学生对问题的讨论搁浅时要具有启发性地讲，将学生的讨论往宽处拓，往深处引；学生构建思维模块时，要总结性地讲，让学生有自我检验的参照。同时，教师在课上还要做到“三不讲”：学生没有发现的问题不讲，小组没有讨论的问题不讲，全班讨论时学生能讲清的问题不讲。只有教师掌握了讲的范围和时机，学生的主体作用才可能得到彰显。

事实上，课堂上适当的“他组织”活动也是必需的，但有效的学习过程必然是“自组织”的。有人说，好的预习就是备学，当预习能激发学生的主动意识时，就有其特定的价值。因此，不管是预习还是备学，只要能促使学生真正参与到学习中来，并使之养成爱思考、爱学习的习惯，便都是可行的。

## 第三节 求索：由“教学习”转为“助学习”

用儿童立场观照数学课堂教学，教师该怎样做呢？教师要从“教学习”转变为“助学习”。“教学习”和“助学习”虽只有一字之差，但“教”体现了教师的主动和权威，而“助”则体现了教师的包容和“禅让”，因此，“助”更能体现学生的主体性。

## 一、遵循天性，促进对话的真诚开展

美国学者帕克·帕尔默在《教学勇气——漫步教师心灵》中提到，教学中令人高兴的事情之一是它提供给我们不断与年轻人相遇的机会。可见，教学是师生间的一种不间断的相遇。在教学中，这种相遇更多地表现为对话，当然，这种对话应该是遵循儿童天性且令人愉悦的。在教学中，我们会无数次与学生相遇，但我们是否认真审视过这种相遇呢？

复习“立体图形体积计算”时，在教学将要结束时，一位教师创设了一个问题情境：“李明是一名六年级的学生，星期天，爸爸对他说：‘李明，你们已经学习了立体图形的体积计算方法，这里有一个铁球，你能帮我求出它的体积吗？’李明心想：我学过长方体、正方体、圆柱、圆锥的体积计算方法，可没有学过球的体积计算方法，怎么求呢？李明陷入了深思。同学们，你们能帮李明算出铁球的体积吗？”经过思考，学生们想出了很多方法。有学生想到：“先把长方体或正方体容器内加满水，然后把铁球放入水中，待水溢出一些后，测量剩下的水的体积，用原有的水的体积减去剩下的水的体积就是铁球的体积。”教师说：“太棒了！”有学生说：“把铁球放入盛有水的长方体或正方体容器里，再测量出升高部分的水的体积便是球的体积。”教师说：“你的方法太好了！”还有学生说：“把铁球熔化，锻造成长方体或正方体，然后再计算体积。”教师笑了，说：“这个方法可以，但好像太麻烦了！”有一个学生说：“我想先算出这个铁球的重量……”说着说着，他有点迟疑，不好意思地挠了挠头。这时，教师大声肯定道：“你真了不起，已经想到了初中要学的方法。上了初中后，学习了有关密度的知识后，我们就能根据物体的重量求出物体的体积了。”

面对计算不规则物体的体积这一全新的话题，学生的好奇心立刻被激发出来，他们想出了很多方法，这些方法有对有错，但不管怎样，这位教师都能耐心倾听学生的发言，并及时肯定学生想法中的合理成分。在交流中，该教师时刻呵护着学生的创造性思维火花，师生的这种相遇无疑是真诚、愉悦、催人奋进的。

## 二、关注经验，促进学生的主动发展

数学家波利亚在《数学的发现——对解题的理解、研究和讲授》一书中说道：“要读懂你的学生的脸上的表情，弄清楚他们的期望和困难，把自己放在他们的位置上。”在教学中，教师和学生之间必然会有某种接触和联系，为了保证教与学的正常进行，教师必须深入了解学生的情况，及时发现存在的问题。教师要了解学生知道什么、不知道什么、想知道什么、不想知道什么，以及应当知道什么等。

特级教师夏青峰在教学“认识分数”一课时，设计了三个问题：①关于分数，你已经知道了什么？②请自学课本，然后告诉大家，自学后，你又知道了什么？③关于分数，你还想知道什么？这样的问题设计，充分尊重了学生已有的知识基础和生活经验。学生已经拥有了一定的生活经验，掌握了许多数学知识，学校的数学学习是对生活中有关数学经验的总结和升华。学生原有的知识储备、现实活动中的经验积累乃至他们在社会中所形成的许多关于数学的朴素认识，共同构成了他们进行数学学习的“特定视界”，影响并制约着他们的数学学习。在教学活动中，教师要关注学生已有的知识水平和生活经验，促进学生的主动发展。

## 三、顺应需求，提供合理的探索空间

儿童总是向往新奇的事物，总是渴望成为一个发现者、探索者。苏霍姆林斯基在《给教师的建议》中指出：“在备课的时候，正是要从这个观点对教材进行一番思考：要找出那些乍看起来不易觉察的‘交集点’，即各种因果联系、时间联系、机能联系交叉集结的地方，因为疑问正是从这些联系中产生的，而疑问本身就是一种激发求知愿望的刺激物。”教师要顺应儿童这种好奇的天性，努力挖掘各知识之间的矛盾、冲突和联系，激起学生探究的兴趣。

在教学“9 的乘法口诀”时，一位教师引导学生编出 9 的乘法口诀后，在巩固提升阶段，精心设计了认知冲突。教师问学生：“如果老师把‘六九’是多少忘记了，怎么办?”学生答：“在五九四十五的基础上加一个九。”教师继续追问：“如果我把‘五九’‘四九’是多少也忘记了呢?”学生沉默。

教师又问："9 是一个特殊的数，它跟 10 有什么关系呢？"（教师出示 10 个方格，并出示了 9 颗智慧星）学生得出：9 比 10 少 1。接着，教师让学生把 3 个 9、4 个 9……9 个 9 与相应的 30、40……90 依次进行比较。教师问："现在，大家再来看刚才的问题，如果我把'六九'是多少忘记了，怎么办？"学生说："6 个 9 比 60 少 6，就是 54。"教师又问："如果我忘记了'八九'是多少呢？"学生回答："8 个 9 比 80 少 8，就是 72。"教师总结道："我们知道了几个 9 的数值和几十的关系，就很容易想出答案了。"在此，教师成功地给学生制造了一个个认知冲突，使学生在解决问题的过程中思维渐渐走向深入。

思维起源于某种疑惑或怀疑，因此，在教学中，教师设计的问题显得至关重要。波利亚曾大声呼吁："让你的学生提出问题，要不就像他们自己提问的那样由你去提出这些问题。让你的学生给出解答，要不就像他们自己给出的那样由你去给出解答。"这番话是在强调，教师要站在儿童的立场提出好的问题。因为好的问题是思维的导火索，它能创设一个合适的探究空间，学生置身其间，经历了猜想、探索之后，便能实现知识的个性化构建。

**四、凸显"节点"，推动思维的深度生长**

赞科夫说："教会学生思考，这对学生来说，是一生中最有价值的本钱。"数学教学的根本目的就是让学生学会思考。在教学中，教师如果能适时凸显知识网络的"节点"，让学生在纷繁复杂的干扰中寻找有用的信息，则能激发学生思考，使学生深入认识知识的内在本质，推动其思维从浅表走向纵深。

例如，在教学"三角形内角和"一课时，当学生通过探究得出"三角形内角和为 180 度"这一结论后，教师设计了一个拼三角板的游戏。教师通过多媒体动态演示将两个相同的三角板拼成一个大三角形。教师问："现在的图形的内角和是多少？"学生答："180 度。"教师追问："为什么还是 180 度？"学生回答："因为有两个角拼在一起时，形成了一条边，这样内角和就损失了 180 度，因此其内角和还是 180 度。"教师又问："用两个或多个三角板还可以拼成什么图形？拼成的图形的内角和是多少度？为什么？"接着，教师通过直观演示，引导学生顺利求出了四边形、五边形及六边形的内角和。下课时，教师说："如果拼成七边形、八边形……大家的发现还正确吗？我们可以课后再研究！"

杜威指出："身体的生长是由于食物的消化和吸收，同样，思维的生长是由于教材的合乎逻辑的组织。"探寻知识之间的联系，正是使学生的思维向纵深发展的有力保障。在该教师的追问下，学生不仅算出了四边形、五边形和六边形的内角和，还直观感受到四边形、五边形及六边形的内角和分别是三角形内角和的2倍、3倍、4倍，这就凸显了多边形内角和求法的联结点。教师适时凸显知识网络的"节点"，促进了学生的知识重构，最终推动了学生思维的深度生长。

总之，教育应当回到应有的立场上去——真正地站在儿童立场，这就是教育的本义。如果我们能认真研究学生的心理和教学内容，在教学中具备足够的耐心和信心，给予学生一定的思考空间和时间，学生一定会给我们带来惊喜。当我们真正站在儿童的立场、从儿童的视角去观察和思考问题时，我们才有可能促进儿童的思维向更深处发展！

# 第二章

## 为学准备，学为主导的坚实基础

学习是一种迁移，备学就是为迁移做准备；学习是一种创造，备学就是为创造打基础。教师要根据学生的备学情况设计教学，充分体现以学定教、学为主导的要义。

布鲁纳在其《教育过程》一书中提出，正确的准备观是教育概念而不是生理概念，准备可以通过教育而获得，准备是可以促进的。众所周知，学生的身心成熟程度对学习是有一定影响的。我们把身心成熟到能适应一定学习的状态称为学习准备。学习准备是以身心机能的整个领域为对象的，从发展的过程看，学生在从事某种学习时，如果具备了学习的准备，就会在这个阶段显示出学习的最佳效率。

学习准备不仅能使学生在新的学习中获得成功，还能使他们的学习在时间和精力的消耗上经济合理，因此，为了提高学习效率，学生必须进行学习准备。学习准备可以分为认知准备、情感准备和动作技能准备。认知准备又分为教材知识准备和认识发展准备。在教学中充分考虑学生的准备状态十分有必要，了解学生的准备状态，有目的地促进学生学习，使学生的学习更轻松、更省时，是教学所追求的目标。

我们所提出的“备学”，即为学习新知做准备。备学的目的是激活学生的知识经验、生活经验、思维经验，让学生根据自己的经验对新知进行联想、类比。

一旦学生真正学会备学，并主动备学，无须教师事先引导就能备学时，课堂教学就会更多地从他组织走向自组织，真正实现学为主导。

在学为主导的课堂上，教师要力争做一个智慧的“懒教师”，要把学生潜在的准备意识和能力调动出来，把自己解放出来，这样的课堂才有可能真正成为“学堂”。

## 第一节　备学的教育理念

我在长期的教育研究与实践中形成了“学习需要顺应主体发展，学习是需要准备的”的教育理念。根据这一教育理念，我在教学实践的基础上逐步建立了顺应主体发展的教学理论体系。

### 一、以中外教育思想精华为指导思想

#### 1. 因材施教理论的启示

“因材施教”是孔子主张的一个教学原则，即从学生的实际出发，根据

不同学生的认知水平、学习能力等进行有针对性的教学，发挥学生学习的主动性、积极性，促进学生的全面发展。因材施教的思想和实践，不仅对我国古代教育产生了深远影响，而且对当代教育也具有重要意义。

研究学生，是因材施教的先决条件。孔子非常重视了解和研究学生，他对学生的心理、个性的观察很细致。他在教学时注意到学生的年龄特征和差异并指出："少之时，血气未定，戒之在色；及其壮也，血气方刚，戒之在斗；及其老也，血气既衰，戒之在得。"这种对人的心理发展的分析是符合当今心理学理论的。孔子通过"视其所以，观其所由，察其所安"的观察方式，全面了解学生的性格、智能、兴趣、特长等。只有对学生进行深入的了解和细致的分析，才能使教育教学工作具有较强的针对性，才能因材施教。

启发诱导是因材施教的基本教学方式。教学过程是教与学的互动过程，要提高教学成效，不仅要充分发挥教师的主导作用，而且要充分调动学生学习的主动性、积极性。孔子很重视启发诱导学生，他认为，掌握知识、形成道德观念应该是一个主动探索和领会的过程。他指出："不愤不启，不悱不发。举一隅不以三隅反，则不复也。"也就是说，教师不应在学生没有"愤""悱"的急切求知的心理状态下进行教学。

### 2. 知识创生螺旋（SECI）理论的启示

日本著名知识经营专家野中郁次郎和绀野登提出了"知识创生螺旋（SECI）"理论。其中，S代表"社会化"（socialization）、E代表"表征化"（externalization）、C代表"联结化"（combination）、I代表"内在化"（internalization）。

该理论认为，默会知识和显性知识的交互、综合将创生出新的知识，其过程如下：先是"社会化"过程，让个人与个人进行经验分享，此时，个人的默会知识大大膨胀；再到"表征化"过程，让个人层面的默会知识得以语言化，语言化后，知识在团队内部的分享度一举提升；然后进入"联结化"过程，让团队里既有的显性知识与补充的新的显性知识交织起来，从而使整个团队的显性知识得以进一步升华；最后在"内在化"过程中，知识再一次得以消化，即经过有组织的客观化、合理化的知识，重新面向实践、面向个人。

在这个过程中，知识经由“源自个人—回归个人”的过程呈螺旋式地循环上升。通过知识的分享和互动，个体不断超越自己，不断追寻新的知识。而这个知识创生的过程，也正是学生学会学习的过程。

这个理论也告诉我们，教育教学不应是简单的知识传递，而应以整合新知识、形成新经验、产生新观点、提升新能力为主要任务，以形成鼓励学生在学习活动中积极思考、大胆表达、转换知识、乐于创生为重要追求的教育新形态。

在学习活动中，每个学生都是知识的创生者，他们在分享中获得新的知识，对旧的知识边界进行超越，从而成就新的自我。应该说，知识只能由个体创生，团队自身不能创生知识，它的角色应当是支持和激励个体的创生活动。所以老师需要改变自身定位，老师不仅是知识的传递者，更应该是团队的组织者，要为学生组织一个一起创生知识的空间。

［摘自：杨斌．高价值的学习是什么样的．人民教育，2013（18）］

3．**“学习准备观”理论的启示**

布鲁纳认为，正确的准备观不是生理概念，而是教育概念。充分掌握先行的、更单纯的知识技能，构成了学习后行的、更高深的知识技能的心理准备，这才是“准备”的真正含义。例如，学习欧几里得几何学是充分地掌握直觉的图形操作的心理准备，学习加法运算是掌握具体数的合成与分解的心理准备。这就是说，所谓“准备”不是固定不变的，是受教育影响而引起的，它是在成熟和教育二者相互作用下形成的。“准备”之齿是可以加速的，“准备”不像机器那样机械地以固定的速度转动。因此，教学不能消极地等待一定的准备状态的到来，也不必奴性地跟随儿童智力发展的自然进程，而应该积极创造条件，加速学生新的准备状态的出现。

搞清楚学习所必需的身心发展程度并按其程度进行学习指导是很重要的，为此，必须依据发展心理学了解儿童发展的一般倾向，在教学前摸清学生原有状态。在决定向儿童教什么时，有时儿童的发展准备和知识经验准备比知识的逻辑更为重要。学生的原有准备状态是新教学的出发点，应在此基础上来编教材，采取一定的方法来加速儿童的“学习准备”。教材是学习的依据。教材的编排应采取“螺旋式”，既要照顾到儿童原有的发展特点和状态，又要满足其今后的发展需要。应该指出，这种课程要精心地挑选，要选择对今后的学习最有用的知识，而且儿童对这些内容已具有了发展准备和知识准备。

布鲁纳的学习准备观对我们今天的教学是有理论指导意义和实用价值的。我们应重视对学生学习准备状态的调查和研究，按学年具体指明哪些学习准备因素影响学生的学习，以及何种因素需要发展到何种程度，或者发展情况需要达到何种水平，这是很有必要的。它能够提高教学的效率，使我们的教学更经济、更合理、更省时、更有效率。充分挖掘学生的潜力，使每一个学生都能在原有的基础上得到最大限度的发展，这是我们教学的目的，也是我们教学所应追求的目标。

[摘自：郭文．试析布鲁纳的学习准备观及其对现代教学的启示．贵州教育学院学报（社会科学版），1998（4）]

**二、以"学为主导"为理论核心**

"学为主导"是指教学应以学生的学习为主导，教学任务的设计、展开、延伸均要由学生的学习状况来决定，这样才能真正发挥学生的主体作用。

辩证唯物主义认为，世界上的任何事物都包含着矛盾，矛盾双方既对立又统一，从而推动事物自身不断发展。教学过程就是教与学这对矛盾对立统一的过程，这个过程既包含教师的教，也包含学生的学，教的主体是教师，学的主体是学生，二者相互依存，相辅相成。就教的过程来说，教师是主体，学生是客体，只有有了教师的教，同时有了学生的学（必须有学生在现场），才能称其为教学过程，教是矛盾的主要方面，它决定着教学过程的性质；就学的过程来说，学生是主体，教师是客体，只有有了学生的学，同时有了教师的教（但不一定有教师在现场），才能称其为学习过程。

就教学过程而言，学的过程是内因，教的过程是外因，学生是否积极主动地学、善于学，决定着教学的进程。教师"教得好"这一外因，只有通过学生"学得好"这一内因，才能起作用，因此，学生的学习活动决定教师的教学行为。否则，只有教得好的活动，而无学得好的活动，教学依然是无效的活动，从这个角度说，学生的学习活动占据主导地位。教与学的理想结合，就是学习为主导、师生为主体、课标为主线。

从信息论的角度看，教学是一种信息的交流。过去，学生获得信息的渠道几乎都是教材和教师，教师是信息的发布者，学生是信息的接收者，教师主导学生的信息接收活动。现在，信息传播的渠道很多，学生获得信息的渠道与教师获得信息的渠道有重合交叉，也有不同，这为教学活动中师生、生生交流信息提供了可能，教师单方面输出信息的格局被打破了。面对繁杂的信息，师生选择时应以课程标准为主线；对教学信息的获取、贮存和创造性加工的主体是师生；教学信息在变换过程中发生的变异和损耗，要靠反馈来估量和调节。学习活动中师生的反馈是保持教学系统内部平衡、决定系统发展的关键，可以起检测和调控的作用。因此，学生的学习活动主导着教师的教学行为。

### 三、以“协同论”为理论支撑

协同论由德国著名物理学家哈肯创立。协同论认为，千差万别的系统尽管其属性不同，但在整个环境中，各个系统间存在着相互影响又相互合作的关系。哈肯认为，大自然是由许多系统组织起来的统一体，这许多系统就是子系统，这个统一体就是大系统。存在于某个大系统中的许多子系统既相互作用又相互制约，它们不断地在依存和协调的状态中发展变化，从而在新的条件下形成新的平衡结构。

协同思想是现代系统论中的一种重要思想，它主要表现为一种方法论，其核心观点是“自组织的协同效应”。自组织具有以下特点：①开放性，即提供动力，实现物、能、信息的交流；②非线性，能产生协同，体现多要素、非直接的因果关系；③涨落性，能催化有序，凸显要素发展的不平衡；④环境性，其必要条件是外部控制参量。

理想的教学是自组织的协同教学场，而备学环节就是最重要的学习活动。备学具有两大任务：一是围绕教材内容收集相关资料；二是发现并提出问题到课堂讨论。备学后的课堂环节大多都体现了教学场物质、能量、信息交换流动的过程，具体表现如下：小组交流收集的资料，互通有无；提出发现的问题，进行初步讨论；集体讨论；课堂训练，交流批改等。教师要指导学生备学，鼓励学生自主备学。学生备学后，能引发课堂教学方式的变革。师生应协同合作，这样的教育之路才能越走越从容。

## 第二节 备学概述

### 一、备学的概念

备学，顾名思义就是为新的学习做准备。“准备”有以下两层含义：①事先计划、筹备；②预备，设想。我认为，备学的“备”兼具了这两层含义，既有事先计划的意思，也有预备、设想的意思。学习需要准备，恰当的准备能促进知识的正迁移，提高学生的学习效率。

备学有广义和狭义之分，广义的备学是指学科教师为学生推荐与本学科相关的经典书籍，并提醒学生注意观察与学习内容相关的日常生活现象并有意识地去体验。狭义的备学专指学生为课堂上新内容（不仅仅是知识）的学习做知识经验、生活经验、思维经验的准备，并独立思考，发现问题，将问题带到课堂活动中去解决。

在以教为主导的课堂中，教师也会带着学生做各种学习准备，但那种准备是教师的意志行为，是集体统一的行为，且时间短、内容单一。我所界定的学为主导的备学有如下特征：其一，是学生的主体行为，是学生根据教师的引导自主回顾经验，发现问题；其二，是每个学生独立自主的个体行为；其三，时间和空间相对自由。

备学按时间长短可以分为长期备学、短期备学与课前备学。长期备学相当于广义的备学；短期备学是对一个单元或一周学习内容的备学；课前备学是对一节课所学内容的备学。

### 二、备学的价值体现

学习是一种迁移，备学就是为迁移做准备。“温故而知新”，即温故是备学，知新是学习。获得新知识的过程就是学习，获得新知识之前的铺垫过程就是备学。如果说所有新知识都是在原有的知识经验、生活经验、思维经验的土壤中生长出来的，那么，备学就是播种。

学习是一种创造，备学就是为创造打基础。备学能真正激活学生的思维，在基于备学的课堂上，个体思维的本原性和群体结果的多样性自然会表露出来，这就凸显了学习的独立性与本真性。可见，备学是一种个性化和创造性的活动，能为学习、创造做准备。

学习是一种构建，备学就是为构建做“架构”。学习是一种知识的生产，也是一种知识的管理。因此，学习新知与建造新房道理是相同的，工地开工需要备料，备学的第一个任务就是围绕新知收集学习资源。学生在收集学习资源的过程中必然会发现问题，问题必然会引起思考。在收集资源、产生问题、思考这一过程中自然会产生个性化资源，而备学提供的个性化资源，为学习提供了丰富的土壤。

## 三、备学的课堂特征

与普通课堂相比，基于备学的课堂体现出了较大的优势，具体如下。

### 1. 更为开放的目标

在传统的课堂教学中，我们常常把教学目标细化到具体的课时，每一课时都会制订具体的目标。基于备学的课堂则把教学目标放在一个较长的时间轴上来考量，教师要根据学生的学习现状，对教学目标进行适度的调整，对教学内容进行适当的增减，以使每个学生都能获得发展。

### 2. 更为鲜活的过程

过去，学生的学习是从上课铃响才开始的，学生进入课堂后对所学知识都是陌生的，需要在教师设计的教学环节中进行学习；在课堂上学生要经历这样的学习过程：准备—展示—探索—交流—复习。而备学，就是先把学生带到这部分知识的顶峰进行俯瞰，让学生对知识的全貌有基本的认识，然后让学生带着这些认识进行学习，这样一来，学生的学习才会更深入，学生学习起来才会更积极。

### 3. 更为丰富的资源

备学把学生带到了一个开放的学习时空，没有时间和空间的限制，学生可以按照自己的方式进行学习准备，这时，家长、网络、工具书都成了学生的学习资源。丰富的学习资源，使他们对知识的理解和解读更为深入、深刻。

在备学后的课堂中，学生不是围绕既定的目标进行学习，而是基于自己的实际情况，进行相对独立的自主学习；在备学后的课堂中，师生、生生进行着多向交流；在备学后的课堂中，学生不仅提高了学习成绩，还获得了兴趣、思想、方法、意识和价值观的全面发展。

## 四、备学题的设计

备学前，教师应精心设计备学题。备学题能为学生指引思考的方向，激活学生的知识经验、生活经验与思维经验。下面以几份数学学科的备学题为例进行介绍。

**"认识平行四边形"的备学题设计**

| 备学题 | 所激活的经验 |
|---|---|
| 生活中，你在哪里见过平行四边形？请至少举出三个例子。 | 生活经验 |
| 在你看来，平行四边形有什么特点？ | 知识经验 |
| 关于平行四边形，你有什么疑问？请提出三个问题。 | 思维经验 |

**"百分数的认识"的备学题设计**

| 备学题 | 所激活的经验 |
|---|---|
| 收集生活中的百分数，请至少举出三个例子。 | 生活经验 |
| 寻找百分数与所学知识的联系。 | 知识经验 |
| 提出三个关于百分数的问题。 | 思维经验 |

学生根据备学题，激活与学习主题相关的三种经验，使经验与新知产生冲突，进而产生疑问。发现问题是学生的弱项，用提出三个问题来对学生进行要求是为了提高学生的提问能力与提问意识。当然，备学不是让学生从书上找答案，而是让学生自己思考问题。刚开始时可能有学生想不出、写不出，但只要学生经历了想的过程，并坚持下去，其思考就会逐渐走向深入。教师在进行备学指导时，刚开始要具体细致，要有硬性要求，让学生以书面形式呈现自己的所思所想，这是一种他律，有了开始的他律才会有以后的自律。

每个学生的备学成果都是课堂教学资源，教师可根据学生的备学情况设计教学，以充分体现以学定教、按需施教、学为主导、师生协同的要义。

# 第三节　备学的讨论争鸣

## 一、备学与预习的区别在哪里

在有些教师看来，备学和预习一样，无非就是先出示题目，让学生解答之后，教师再进行教学。是的，备学和预习都属于“先学”，但是，它们的内涵、方式和对学生产生的影响等都是不同的。

### 1. 预期不同，内涵有别

美国教育心理学家奥苏贝尔认为，影响学习的最重要的因素是学生已经知道了什么。建构主义学习理论认为，学习绝不是简单的知识的积累，而是由新旧知识、经验的相互作用而引发的认知结构的重组。预习的重点为新知识，通过直接学习新知识来回顾旧知识、激活已有经验，遇到学习障碍后提出问题；备学的重点为三种经验（知识经验、生活经验、思维经验）和三个问题，学生不直接学习新知识，而是围绕新知识激活已有的知识经验、生活经验和思维经验，从而发现问题、提出问题，这是一种学生像老师一样提前“备课”的活动。预习提出的问题是在教材编写者的“先教”之后；备学发现的问题是在学生独立梳理三种经验的“先学”之后。

备学的最初阶段需要有备学题，它与以往的预习题不一样，下面以“圆柱和圆锥的认识”一课为例，将二者进行比较。

预习题：

1. 圆柱有（　　）个底面，两个底面是（　　）面，侧面是（　　）面，展开是（　　）形，两个底的面积（　　），两个底面之间的距离叫作圆柱的（　　）。圆柱有（　　）条高。

2. 圆锥是由（　　）个面围成的，其中（　　）面是曲面，底面是一个（　　）。圆锥有（　　）个顶点、（　　）条高。

备学题：

1. 生活中，哪些物体的形状是圆柱或圆锥形的？各举出三个例子。

2. 试着用硬纸板做一个圆柱或圆锥，想一想，圆柱和圆锥各有什么特点？写出你的三个发现。

3. 提出三个关于圆柱、圆锥的问题在小组内讨论。

小学生具有非常丰富的想象力，其课堂的学习绝非“零起点”，教师进行教学时应着眼于学生的最近发展区，正视学生的“现有水平”和“可能发展的水平”之间的差距是关键。在教学之前给予学生独立的体验空间，更有利于学生潜能的发挥。备学题以其特殊的“身份”介入学生课前的活动，以足够的课外时间为保证，引导学生在课堂学习之前进行个性化的独立研究，这便弥补了课堂中独立思考时间不够的遗憾；预习题则是引导学生先学习新知识，让学生带着教师设计的问题预习新知识，使得学生对新知识产生了比较肤浅的认识，从而导致其厌烦教师的点拨与讲解。

**2. 过程不同，方式有异**

学生完成预习题相对轻松，因为预习题的答案相对单一，一般在教材中即可找到答案，几乎不用动脑。而要完成备学题则完全不同，需要学生激活已有的知识经验、生活经验、思维经验，需要多动脑思考。如在学习完“圆柱的侧面积、表面积”的内容后，备学题设置如下。

1. 学习了圆柱的侧面积、表面积之后，你有哪些收获？

2. 生活中哪些情况下需要计算圆柱的侧面积或表面积？(试举三个例子)

3. 你还想到哪些需要研究的问题？

布置备学题，教师首先要明确新知识的重点，然后找到与其相联系的学生学过的知识（知识经验）与解题方法（思维经验），并了解学生的生活经历（生活经验），指导学生独立激活这三种经验。完成备学题的过程是学生主动构建知识的过程，在这一过程中，学生不是简单被动地接收信息，而是对外部信息进行主动地选择、加工和处理，从而获得知识的意义。

备学题具有开放性、可讨论性和可操作性，在其完成过程中，学生需要经历从混沌到清晰，从无序到有序，再到自我认同，从而到渴望进入课堂跟大家一起交流、分享的过程。要完成备学题，学生必须先回顾圆柱的侧面积和表面积的求法，进而和实际生活相结合，到生活中去寻找圆柱的侧面积和表面积，举出恰当的例子。如用一张长 2 米，宽 1 米的铁皮做一个圆柱形烟囱，这个烟囱的面积是多少？一个圆柱形铁皮盒，底面半径是 2 分米，高是

4 分米，要在这个盒子的侧面贴满商标纸，需要多少平方米的商标纸？一台压路机的前轮是圆柱形，轮宽 1.6 米，直径 1 米，其转动一周压路的面积是多少平方米？如果每分钟转 8 周，半小时能压路多少平方米？在思考的过程中，学生一定会把遇到的问题记录下来，并期待和大家在课堂上一起解决。同时，学生能够发现问题说明学生在备学的时候产生了真正的数学的思考。

3. **影响不同，结果各异**

预习重视的是学生学习的结果，备学在重视学生学习结果的同时，也有效地关注了学生学习的过程。

由于学生的知识基础、学习能力等存在差异，所以备学后学生提出的需要研究的问题也存在差异；学生在完成备学题的过程中不仅可以了解下节课的学习重点，还可以发表自己独特的见解。预习题的答案相对单一，学生只能回答唯一的答案，无法表达自己的独特见解。教师在上课前通过检查学生备学题的完成情况，能清楚地了解学生的学习起点，进行有针对性的教学，从而使教学更高效；而预习题都有标准答案且能从课本上找到，教师无法从中了解学生的学习起点，自然也无法进行针对性教学。

郭思乐教授指出，不是儿童没有潜能，而是我们没有给出时间、空间，创造氛围去激发出他们的潜能。其实，儿童的潜能是无限的，每一个学生身上都蕴藏着巨大的潜能，如果教师善于激发，他们的潜能就能得到发挥，他们就能主动地构建知识。备学，是学生同时对旧知识和新知识的个性化解读，这些解读便是现成的教学资源，这些教学资源既有正确的，也有错误的，我们不应仅仅看到它的对与错，而应以更开放的眼光来审视它们、开发它们，力求能够激发学生的学习兴趣，进一步帮助学生加深对新知识的理解和巩固。

备学是一种良好的习惯，学生坚持备学不仅为课堂学习做了准备，而且真正获得了课堂学习的主动权，进而能提高学习效率。备学，真正奏响了“学为主导”的最强音。

## 二、备学后的课堂还需要具体的教学环节吗

汪培新校长说，上课者也好，观课者也好，不要太在乎课堂中的一个个

细枝末节，要整体地看待一节课，系统地进行把握。备学为教师在课堂教学中顺应学生提供了前提条件。备学后，学生掌握了丰富的学习资源，为了能更好地顺应学生，教师就不能太拘泥于细节，要从整体上系统地把握课堂。以前，我执教公开课时，总是先将每个问题、每句话仔细推敲，反复斟酌，这样做有些刻板，但从某种意义上说，这样的刻板却是"安全"的代名词。在一次交流时，协同教育倡导者顾飞宇老师提出了一个颠覆性的观点——备学后的课堂不需要具体的教学环节。一开始，大家并不太接受这一观点，但随着讨论的深入，大家开始认同甚至赞成这种观点。

备学后的课堂没有具体的教学环节，有的只是教学场。场是弥散着物质、能量、信息的综合体。相对而言，环是前后链接，一个环接一个环的，而场则是一个一个小型的场组成一个大一些的场，再组成更大的场。课堂中存在着几种场，比如，学习动机、学习兴趣是学习意向，所有学生的学习意向组成了意向场，这个意向场从课堂开始到课堂结束一直存在。再如，学生备学后带来的学习资源组成了资源场，资源场也是从课堂开始到课堂结束一直存在的。在备学后的课堂教学中，不存在具体的教学环节，而是存在着一个个教学场。

备学后的课堂没有具体的教学环节，但有过程，且教的过程必须遵循学的过程。学生的学习过程一般分为五个环节：备学、交流、讨论、构建、应用。第一，备学，粗看一遍教材后，尽量激活自己与教材相关的知识经验、生活经验与思维经验；第二，在课堂上，学生不仅仅要听课，还要与教师、同学交流；第三，通过交流生成问题，与教师、同学讨论；第四，结合具体的备学题构建新知识模块；第五，拓展应用，并过渡到新的备学。这是学生的学习环节，而不是教师的教学环节。学生的学习遵循备学、交流、讨论、构建、应用这一过程，这是相对固定的链条，教师必须跟着这根链条走，顺应学生的需要。

当然，顺应学生的学习过程展开教学，并非淡化备课，相反，备课更需要加强。教师备课的重点应放在教学场，而不应拘泥于具体的教学环节，因为学生的学习环节在教学场中已经有了依附点，教师不用再另外设计环节。

备学后的课堂教学不需要具体的教学环节，这种说法让我联想到了"无招胜有招”的武学境界。只要教师功底深厚，把握了学生的认知起点，教学时便能见招拆招，游刃有余。

## 三、备学思路就是教学流程吗

在围绕“异分母分数加减法”这一内容的备学展开网络研讨时，赵红婷老师展示了她设计的备学题。

1. 计算$\frac{1}{6}+\frac{2}{6}$，$\frac{1}{4}+\frac{3}{4}$，$\frac{5}{6}-\frac{1}{6}$，观察每个算式中分数的特点，并说出计算方法。

2. 用画图等方法计算$\frac{1}{2}+\frac{1}{4}$，思考：哪种方法更简便呢？

3. 提出关于分数加减法计算的三个问题。

对于这份备学题，她自我感觉良好。第一题的设计意图是引领学生复习同分母分数的加减法，为后续打通同分母分数加减法与异分母分数加减法的联系做准备。第二题则属于新授课的内容，鼓励学生用不同的方法尝试解决异分母分数的加法计算。第三题则是帮助学生深入理解并掌握分数加减法的算法。

接着，我展示了自己设计的备学题。

1. 计算下面各题。

$\frac{3}{7}-\frac{2}{7}$　　$\frac{5}{8}-\frac{3}{8}$　　$\frac{9}{10}-\frac{3}{10}$　　$\frac{5}{12}+\frac{7}{12}$

你是怎样计算的？用数学语言描述一下。

2. 如果将$\frac{5}{8}-\frac{3}{8}$换成$\frac{5}{8}-\frac{1}{4}$，你会计算吗？你是怎样计算的呢？$\frac{9}{10}-\frac{3}{7}$怎样计算呢？

3. 写出你的发现和问题。

仔细观察不难发现，我设计的备学题与赵老师设计的备学题题目虽有差异，但大体思路是一致的：先复习同分母分数加减法，然后尝试做异分母分数加减法，最后提出自己关于分数加减法计算的发现和问题。这一思路是我们所理解的备学题的设计方向。抛出这些备学题时，我们以为会得到大家的肯定，结果出人意料，大家都认为这些不能算备学题，只能算作业。

顾飞宇老师提出，备学题不是作业题。他指出，不要把作业题改造成备学题，备学题与复习题不同，与导学案的导学题也不同，备学题不应该只是具体的练习题，这样设计太具体，学生的思路很难打开；备学思路也不是教学思路，备学关注的是学生的过去，不要总是考虑课堂上学生会怎样表现，教师该怎样调控；备学的目的是呈现学生的认知起点，为以学定教奠基。接着，单广红老师和顾飞宇老师分别呈现了他们设计的"异分母分数加减法"的备学题。

单广红老师设计的备学题如下。

1. 举两个例子说说同分母分数加减法的计算方法。

2. 尝试：在分数加减法中，分母如果不同，该怎样计算呢？将上述两个例子改为异分母分数加减法并试着计算。

3. 写出尝试过程中的三个发现，并提出三个有价值的问题在班级内讨论。

顾飞宇老师设计的备学题如下。

1. 计算同分母分数加减法需要特别注意什么？用自己的话写出三点体会。

2. 写出六个异分母分数，然后随意选两个异分母分数组合为一个加减法算式并计算。

3. 计算过程中遇到了什么问题，提出三个问题在小组内讨论。

大家将两位老师的备学题进行对比，形成了这样的共识：单老师的设计重集中与统一，而顾老师的设计重开放与个性，他们的备学指向都是突出学生的个性。两位老师设计的备学题较开放，学生会呈现出不同的资源，如此一来，小组交流时学生才能有话可说。找三个发现、提三个问题是量的要求，学生说错了也没关系，只要学生思考了，就达到了备学的目的。

随着研讨的深入，我找到了自己的问题所在。以往，我设计备学题时，总是想着如何才能顺利地教，指向性太强，这对激活学生的经验和思维，显然是不利的。要知道，备学题不是课堂教学题，它的最终目的是激活学生的相关经验和思维，并促使学生带着问题去学习和思考。

## 四、备学能获得恒久的学习动力吗

教师的主要任务不仅是传授知识、教给学生解题的方法，更重要的是培养学生独立思考的能力，真正让学生学会学习。当我们考量一节课是否是好课时，不仅要看教师为学生创造了多大的空间，还要看学生的思维是否被真正激活、学生是否占据了课堂教学的主体地位。备学，为实现学生在课堂教学中的主体地位提供了可能。

备学是学生为学习所做的准备，备学的目的是激活学生已有的三种经验，即知识经验、生活经验、思维经验，它使学生真正获得了课堂学习的主动权。

1. **整册备学，高位统整**

整册备学，是在新学期学生拿到新教材之后针对整册教材进行的备学。学生先浏览教材目录，了解本学期的知识框架，并适当进行选择性的兴趣阅读，在阅读的过程中，调取知识经验、生活经验、思维经验进行思考，同时记录自己的发现和问题。

以苏教版数学六年级下册教材为例，我们可以先让学生整册备学。第一单元是“扇形统计图”，通过备学，学生会联想到与之有关的曾经学过的内容：条形统计图、折线统计图等，进而思考三者的特点，甚至有学生会想到在实际生活中，什么情况下适合用条形统计图，什么情况下适合用折线统计图。

第二单元是“圆柱和圆锥”，通过备学，学生会从圆柱和圆锥出发，回忆已学的立体图形长方体和正方体，寻找立体图形之间的联系；从圆柱和圆锥的认识中，寻找平面图形和立体图形的关系。比如，在圆柱或圆锥中，有长方形、正方形、三角形和圆吗？（将圆柱横切出现圆形，纵切出现长方形；当圆柱的底面直径和高相等时，纵切出现正方形；将圆锥沿着高纵切出现三角形）

第三单元是“解决问题的策略”，通过备学，学生会回忆起以往学过的各种解决问题的策略，如画图、列表、假设等，进而会用不同的形式表达自己对解决问题策略的理解。

第四单元是“比例”，通过备学，学生会联想到六年级上学期学过的“比”，进而针对不同地图的不同比例尺进行理解。

第五单元是“确定位置”，通过备学，学生会从低年级学过的“上、下、前、后、左、右"开始回忆，进而到"第几排第几个"，再到"用数对确定位置"，再联系生活常识，用东、南、西、北等方向词描述位置，最终学会用方向和距离确定物体的位置。

第六单元是"正比例和反比例"，通过备学，学生会联想到在曾经学过的单价、数量和总价中，当其中一个量不变的时候，另外两个量的关系。

第七单元是"总复习"，通过备学，在"数与代数"领域学生会想到数的运算、数的认识、式与方程、正比例与反比例等内容，在"图形与几何"领域学生会想到图形的认识、图形的变换、图形的位置等内容，在"统计与可能性"领域学生会想到统计、可能性等内容。

整册备学时，所有的内容均来自学生初步浏览教材之后的思考，这个过程是师生动态交互的过程，教师为学生提供足够的时间和空间，让每个学生都可以充分交流自己的备学成果，让每个学生的潜能都得到发挥，让每个学生都有展示自己的机会，进而让学生充分感受到备学的乐趣。

2. **单元备学，搭建脉络**

单元备学，是学生浏览整个单元的内容后进行的学习准备。下面以"扇形统计图"这一单元为例来说明。

通过初步阅读本单元内容学生会发现如下知识点：(1)在扇形统计图中，圆代表一个总体，各个扇形分别表示总体里面不同的部分。(2)扇形的大小反映部分占总体的大小。(3)我们常见的有 3 种统计图：条形统计图、折线统计图和扇形统计图。其中，条形统计图能清楚地表示数量的多少；折线统计图不仅可以表示数量的多少，还可以清楚地反映出数量之间的增减变化情况；扇形统计图表示的是部分与总体之间的关系。(4)制作扇形统计图的步骤：①计算百分数；②画出圆并划分区域；③标明各部分的名称及百分比……同时，学生也会提出问题：(1)自己画扇形统计图时，怎样才能更准确地表示出部分的数量？(2)如果将扇形统计图中的百分比改成数字，是否用条形统计图能更直观地反映出数量的多少？(3)为什么在扇形统计图中每个扇形上写的不是具体的数，而是它占总数的百分比？(4)如何准确地选择扇形统计图、折线统计图和条形统计图？……

在单元备学中解读到的数学内容，学生可以用不同的方式来表达，教师或同学可以做适当的点评，对于学生的错误资源，教师可引导学生进行适当的辨析，或者将其作为学生课堂学习的资源。

**3. 课时备学，凸显个性**

课时备学，就是每节课之前进行的备学。课时备学可以在课外进行，也可以在课内进行。

如果说“整册备学”和“单元备学”较粗线条化，那么“课时备学”则是细线条化。

学生的经验毕竟有限，在备学中难免会遇到困难，或对个别内容的理解不够透彻。因此，教师要注意引导他们厘清疑点，提出问题，这些问题正是我们的教学资源。要想让学生在课堂上提出问题，敢于质疑，就需要设计比较具体的备学题。如“圆柱和圆锥”单元的复习课，在课前我布置了这样的备学题：(1)学完了“圆柱和圆锥”这一单元，你有哪些收获？(2)你还有哪些问题需要和大家一起研究？试举几例，写在记录本上。

第1题是让学生自主对所学的内容进行梳理。从圆柱和圆锥的认识开始，到圆柱的侧面积、表面积和体积的计算，再到圆锥的体积中的各个知识点等，在宽松的氛围下，学生相互讨论、相互评价，已有知识不断被激活，知识之间不断产生新的连接，并逐渐形成知识网络图。

第2题意在让学生学习之后进行再思考，把自己的问题提出来，如果没有问题，就出几道挑战题考考同伴。以下是学生备学后提出的几道典型挑战题。

1. 一个圆柱形玻璃杯，从里面测量底面直径是8厘米，装了一些水，水面高度为16厘米，占该杯容积的$\frac{1}{3}$，这个玻璃杯最多可以装多少毫升水？

2. 一个圆柱体，如果它的高增加1厘米，它的侧面积就增加50.24平方厘米，它的底面半径是多少？

3. 一个近似于圆锥形的沙堆，底面周长是12.56米，高是4.8米，用这堆沙子在10米宽的公路上铺2厘米厚，能铺多长？

4. 一个用塑料薄膜覆盖的蔬菜大棚长15米，横截面是一个半径为2米的半圆。搭建这个大棚大约要用多少平方米的塑料薄膜？大棚内的空间大约有多大?

5. 一个蒙古包由一个底面直径为6米，高为2米的圆柱和一个高为1米的圆锥组成。这个蒙古包里的空间大约是多少立方米?

6. 一个圆柱形水杯的容积是1.6升，其底面积是1.2平方分米，在该水杯中装$\frac{3}{4}$杯水，水面高多少分米?

7. 把一根长4米，底面直径4厘米的圆柱形钢材锯成长度相等的3段，表面积比原来增加了多少?

8. 小强为测算一个土豆的体积，设计了一个实验：取一个圆柱形水杯，从里面测量水杯的底面半径是5厘米；在水杯中倒入水，水面高度为6厘米；把土豆放入杯中（土豆完全浸入水中），这时水面高度上升到10厘米。请你帮小强计算一下这个土豆的体积。

9. 如下图，你能否求出它的体积?（单位：厘米）

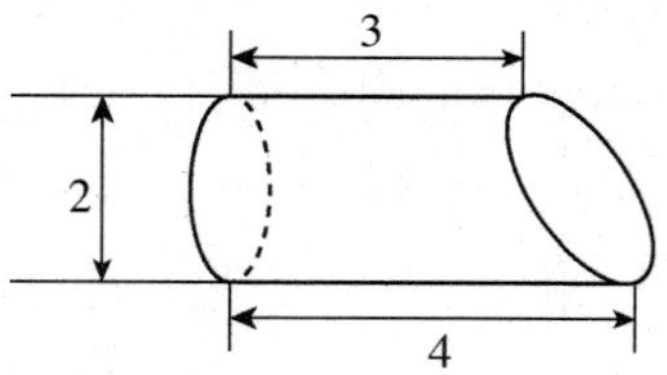


对于这些看似复杂的问题，让同学们先按知识点进行分析、归类。

如第8题，求看似不规则的土豆的体积，其实是求"底面半径是5厘米，高是4厘米"的圆柱体的体积；再如第9题，求这个看似不规则物体的体积，可以将它与和它完全相同的一个物体拼成一个圆柱体，求出圆柱体的体积再除以2，便可以得到该不规则物体的体积。对于备学中提出的每一道变式题，学生都经过分类、整理，找到了问题的"源头"，学生在自主构建知识网络的过程中，掌握了化难为易、化繁为简的转化等数学思想方法，灵活运用了所学的数学知识。

无论是哪种形式的备学，都旨在提高学生的探究意识和探究能力，学生通过备学和备学后的交流展示，相互学习、相互促进，不仅培养了善于表达、善于反思的良好习惯，增强了合作意识，还增强了学习数学的兴趣和学好数学的信心，获得了恒久的学习动力。

## 五、基于备学的课堂中的问题处理

建构主义学习理论认为，学习能力是与生俱来的，学生总是带着自己的经验和独特的感受来课堂上学习的。学生，不仅仅是课程的享用者，也是课程的建设者，他们对课程存在着内在需求，他们的好多表现告诉我们：他们是天生的学习者，也是天生的创造者，由此，基于备学的课堂应运而生。学生从自己的经验中寻找学习素材，列举了很多实际生活中的例子，课堂上这些信息的呈现能引起他们的共鸣、激发他们的学习兴趣。学生在基于备学的课堂中所提的问题，是一些纷繁复杂的教学资源，教师应合理地利用这些看似杂乱的资源，实现资源利用的最大化。

在最初的基于备学的课堂中，常常产生这样的现象：学生不能抓住主题提问，只是在一些细枝末节上纠缠不休，总是偏离课堂需要研究的主要内容，导致教学计划难以完成。

在教学“圆柱的表面积”复习课时，我设计了如下备学题：（1）学习了圆柱的侧面积、表面积之后，你有哪些收获？（2）生活中哪些情况下需要计算圆柱的侧面积或表面积？（举三个例子说明）（3）你还想到了哪些需要研究的问题？下面结合这节课，谈谈如何使看似杂乱的问题变得有序。

### 1. 定向聚焦，作业批阅围绕重点

美国著名学者布鲁巴克认为：“最精湛的教学艺术，要遵循的最高准则就是让学生自己提问题。”毋庸置疑，鼓励学生质疑问难，对培养学生主动思考、主动学习的习惯起着十分重要的作用。学生在课前进行认真的备学，带来了丰富的备学资源，教师要认真地批阅，批阅的目的就是在课前了解学情。

如在本节课中，学生提出的问题摘录如下。

1. 将一个圆柱体截去一半，剩下的物体的表面积该怎样求？体积该怎样求？

2. 一个圆柱形物体，从正面看是梯形，该如何计算它的表面积、侧面积和体积呢？

3. 一个圆柱形灯管，长 6 分米，横截面的直径是 6 厘米，要做一个直径

比它大 2 厘米的灯罩，需要多少平方厘米的材料?（灯罩是侧面积的一半）

4. 如果将一张长 31.4 厘米、宽 25.12 厘米的长方形纸卷成圆柱体，怎样卷表面积最大?

5. 圆柱有什么特点? 比如，平行四边形具有易变形性，三角形比较稳固。

6. 如果一个长方体、一个正方体和一个圆柱的底面积相等，高相等，那么它们的表面积也相等吗?

7. 同一个圆柱的表面积一定比侧面积大吗?

8. 一个圆柱和一个同它等底等高的长方体，哪个表面积比较大?

9. 把一根直径 20 厘米、长 2 米的圆柱形木材截成 3 段，表面积增加了多少平方厘米?

在备学题的批改中，教师要定向聚焦，注重围绕教学重点有意识地让学生知道他们提的哪些问题比较有水平，哪些问题超出了本节课研究的范畴，哪些问题还可以再深入些，这样有利于培养学生发现问题、提出问题的能力。

2. **锁定核心，问题研究围绕“焦点”**

通过备学学生会提出各种各样的问题，对此，教师应给予积极的回应、赞赏和鼓励，并表扬他们勇于提问的精神。但是，一节课的时间有限，我们无法在课堂上解决学生提出的所有问题，那要怎样利用学生提供的资源呢?

如一位学生在一节课的备学题中提出了关于计算圆锥表面积的问题，本节课旨在探讨有关圆柱的表面积的问题，至于有关圆锥的研究，教师可以委婉地告诉学生：“本节课我们进行的是‘圆柱的表面积’的研究，关于圆锥的知识我们下节课探究。”这样可以适当地避开学生提出的与本节课内容无关的问题，进而使学生抓住本节课的重点问题进行研究。

对于学生备学后提出的问题，没必要全部在课堂上解决，可以将问题进行分类，然后从每类中选择 1～2 道比较有代表性的问题引导学生一起解决，进而使学生掌握各类问题的解决方法。如上述学生提出的问题可分为以下几类：(1) 个性问题，如问题 5：“圆柱有什么特点? 比如，平行四边形具有易变形性，三角形比较稳固。”学生由平面图形中的一些图形的特性，联想到了立体图形是否也有一些特性。（2）学生通过小组交流已解决的问题，如问题7：“同一个圆柱的表面积一定比侧面积大吗？”对于这一题，小组成员中一定有学生知道圆柱的表面积是两个底面的面积加上一个侧面的面积，所以同一个圆柱的表面积一定比侧面积大。（3）通过小组交流未解决的有价值的问题，如问题1：“将一个圆柱体截去一半，剩下的物体的表面积该怎样求？体积该怎样求？”本题中的前一问，属于表面积的变式问题，需要分“横切”与“纵切”两种情况研究；后一问属于超出本课研究范围的问题。又如，问题2：“一个圆柱形物体，从正面看是梯形，该如何计算它的表面积、侧面积和体积呢？”这是一道“错误”问题，既然是圆柱，那么不管从正面看还是从侧面看都不可能是梯形。

在探究活动中，我们要给学生充足的时间和空间，不要过分干预和限制他们，要充分发挥他们的积极性和主动性。在这样的环境中，学生才会有安全感，才会感到被尊重、被关怀，才敢大胆地尝试、探究和创造，这样才能使问题的研究过程更有价值。

新课程倡导把提问的主动权交给学生，还教学以本来面目，鼓励学生独立思考、自主发现，着力培养学生发现问题、提出问题、分析问题和解决问题的能力，为学生的自主学习、终身学习奠定坚实的基础，而备学很好地实现了这一目标。

“学起于思，思源于疑。”在教学中，我们要善于培养学生提出问题的能力，虽然学生提出的问题有些可能是无价值的，或是与本节课无关甚至是“不合理”的，但教师都要保护学生提问的积极性，对学生多表扬，多肯定，让学生感受成功的喜悦，逐步培养学生发现问题、提出问题的意识和能力，使“面对生活情景时，能从数学的角度提出问题”成为学生的一种自觉的意识。在问题的处理上，教师要善于抓住关键问题，引导学生深入探究，通过问题探究调整教学节奏、突出教学重难点，使看似杂乱的问题变得有序。

### 六、怎样更多地关注学困生

备学能使学生有准备地走进教室。学优生的备学效果相对不错，但学困生的备学会有效果吗？备学之后，会不会使学生的差距更大了？很多教师都会产生这样的疑问和担心。那么，该如何关注学困生呢？

有人可能认为，学困生的备学质量较差，未必有助于学习，事实上，学生的备学无好坏、对错之分，只要其经历了思维过程即可。虽然学困生的备学可能一时无法达到教师预期的水平，但只要他们思考了，对他们自身、对课堂、对教师而言就是有益的。比如，在备学"一一间隔规律"这一内容时，有学生提出这样的问题："为什么生活中要使用这些排列规律？这种规律有什么好处？"乍一看，这个问题对该课的教学作用不大，但仔细分析就会发现，其中颇含哲理意味，涉及规律的存在价值。如果学生进行了这样的思考，何愁打不开思路呢？

在课堂展示时，教师要更多地关注学困生。例如，在"认识百分数"一课的备学中，部分学优生已发现了百分数和分数的联系：百分数和分数都表示两个数量之间的关系，而分数也可以表示一个数量的值。不管这一结论是如何得到的，从中可以看出，学生对百分数和分数的联系已有一定的认识。如果一开始就在课堂上展示这一观点，可能会剥夺大多数学生思考、探索的机会，这对学生理解和掌握概念并无益处。显然，学优生的成果展示与教师的直接告诉，并没有本质区别。因此，在课堂展示时，教师要关注学困生，让学困生先展示。

教学前，教师要关注学困生的备学情况，及时了解他们的困惑；小组讨论时，教师也要关注学困生，尽可能多地发现他们的优缺点；备学交流时，教师更要为学困生创造机会，让他们充分展现自己的思维过程。暴露学生的思维过程后，教师才能有针对性地进行指导。

学优生的发现与学困生的发现不同，在课堂上，学优生主要是助学，是当小老师，学困生主要是发现问题、提出问题、解决问题。教师要给学困生提供发现问题、提出问题、解决问题的机会，要鼓励学优生关注与帮助学困生。

教师要树立学为主导的观念，给学生提供展示的机会。学生能自己解决的，教师不讲；学生学习时遇到困难，教师应点拨、引导。《学记》中指出，"道而弗牵，强而弗抑，开而弗达"，这些原则在备学后的课堂中，体现得尤其充分。

在教学中，关注学困生，同时与学优生联手，共同帮助学困生，应该是一个永恒的话题。

## 七、怎样让学生更好地展示备学资源

在备学后的课堂上，学生呈现的例子比较丰富，这给课堂反馈带来了困难，由此看来，那种教师出题学生解答的传统做法效率似乎更高。当我提及这一点时，顾飞宇老师追问："你所说的效率是每个学生的思维发展效率，还是教师教案的推进效率?"我哑口无言。很多时候，我们都是教案的忠实执行者，认为按时"走完"教案就完成了任务，提高了效率，这种认识其实是错误的，没有把学生作为学习的主体。在教学中，教师应尽可能考虑学生的学习效率，更多地关注如何促进每个学生的思维发展。

有教师提出："该怎样解决备学资源的丰富性和课堂时间的有限性之间的矛盾呢?"这个问题值得我们深思。在备学后的课堂上，这一矛盾尤为突出。怎样更好地让学生展示备学资源呢?通过实践，我总结出如下几点。

### 1. 抓共性，放个别

要关注每个学生，敏锐地发现学生学习中存在的共性问题，及时解决这些共性问题，就能提高学生的学习效率。比如，在"条形统计图"一课的备学中，大多数学生都提出了这样的问题："什么叫条形统计图?""条形统计图和统计表有什么不同?""条形统计图有什么优点?"这些问题极具价值，既涉及条形统计图的特点，又涉及条形统计图的价值，这些共性问题需要重点研究。而对于学生提出的个别问题："有其他类型的统计图吗?""为什么要这样统计呢?"则可以简单讲解。如果一些共性问题在课堂上无法解决，教师要鼓励学生课后去探索，让学生带着问题走出课堂，更能培养学生的学习兴趣。抓共性，放个别，教学就能突出重点、突破难点。

### 2. 抓主线，放支脉

每堂课或者每个知识点都由一定的线索串联，教师要理清教学的脉络，巧妙地把学生的问题串成一条主线。比如，教学"认识比"这一内容时，比的意义和特征即为主线，不管是理解比的概念，分析比与已有知识的联系，还是进行比的应用，始终都是为了凸显比的意义和特征。围绕学生在备学中产生的重点问题展开教学，随着对"比是什么""为什么会有比""比在生活中有什么用"等问题的研讨，学生的学习不断走向深入。一节课的主线理顺了，教学思路就会显得格外清晰，这样的课堂无疑也是高效的。

**3. 抓重点，放一般**

通过备学，学生呈现的资源无疑是丰富的，有些发现和问题与所学内容紧密相关，有些发现和问题可能与后续知识有联系，有些发现和问题甚至与所学内容毫无关系。对于学生呈现的资源，教师要学会取舍，要灵活选择几个重点发现和问题进行展评，并引导学生研究。例如，在"异分母分数混合运算"这一内容的备学中，有学生设计的题目很烦琐，其他学生一时无法判断其是否正确，于是，执教教师选择了几个典型题目进行展示，师生共同研究算理和算法，从而使学生轻松地掌握了异分母分数的混合运算。对于学生举的例子，教师要鼓励其自己在组内校对或课后辨析。每节课只有四十分钟，时间非常有限，教师要在重点问题上下功夫，一些零散的和无关的问题，可先搁置或忽视，一些跟后续知识有关的问题，可以后再研究。另外，小组交流时，对于一些简单的个别性问题，组内解决后，无须进行全班展示，全班交流时，要着重研讨重点问题，这样的课堂才会脉络分明。

学生备学后所呈现的资源不同，这是个性化学习的必然结果，教师要关注的是每个学生是否都进行了思考。在交流备学成果时，教师要学会抓大放小，有选择地呈现学生的发现和问题，并与学生共同探索，一起总结方法。

# 第三章

## 顺学而展，学为主导的多彩呈现

顺学而展，是课堂的理想境界；学为主导，是每位教师努力的方向。

在教学中，我们坚持学为主导的理念。学为主导即以学生的学习为主导。要做到学为主导，教学就应顺应学生的学习状况，只有这样，学生的主体作用才能得以发挥，课堂才能精彩不断。

那么，如何顺应学生的学习状况展开教学呢？

顺应学习的需求。教师应顺着学生的需求展开教学，以此激发学生的参与热情。但这种顺应是围绕着学生身心发展的总目标进行的，并非毫无原则。如果学生想到哪儿教师就跟到哪儿，学生想学什么教师就教什么，则无法凸显教学重点，同时会造成教师主导地位的缺失，这是我们必须警惕的。

顺应学习的规律。教师要遵循学生的认知规律，教学时要从具体到抽象，从个别到一般，由浅入深，循序渐进，让学生获得丰富的体验；教师要关注学生的学，通过观察学生的讨论、交流、思考等行为表现，调整自身的教学行为。教师要多思考：如何促进学生学习？如何组织并促进学生的合作讨论？如何激发学生的学习激情？如何激发学生的探究兴趣和潜力？只有把握了学生的认知特征和学科特点，循序渐进地推进教学，才能生成精彩的课堂。

顺应学习的过程。从操作层面上说，其表现为凡学生能提出的问题，教师不应提；凡学生能读懂的内容，教师不应讲；凡学生能解决的问题，教师不应教。那么，教师应该教什么？教师应在学生“跳一跳摘果子”的过程中帮助学生，让学生爱跳、能跳、跳得高。另外，要让“果子”的味道更香甜、营养更丰富、“保质期”更久远，即让学习更有价值，让学生自己去学习，并获取学习成果。

“路漫漫其修远兮，吾将上下而求索。”教学是复杂而充满变数的，精彩的课堂有待精心打造。顺学而展，是课堂的理想境界；学为主导，是每位教师努力的方向。

## 第一节　基于备学的模式探寻

### 一、“三顺二应”模式的理论依据

“三顺二应”模式即顺意而备、顺学而展、顺构而思、应疑而研、应用而练。“三顺二应”模式的理论依据如下。

1. 最近发展区理论

从场域的概念来理解，最近发展区是一种已经存在的场，等待着输入物质、能量与信息。最近发展区的这个“区”已经“划定”，已经“发生”，在这个意义上是过去式，而在这个“区”上开展的工作是正在进行的。学生收集的学习资源的集合必然大于教师备课的准备，学生发现的问题的集合必然超出教师的预设，学生思考的集合必然引发课堂的冲突。真正的备学必然改变课堂结构。

2. 协同教育的“决堤原理”

“决堤原理”是指一个系统被外力驱使到远离平衡的区域时，其内部占统治地位的是一些非线性关系，这种情况下，系统与处于平衡或近平衡条件下的行为完全两样，它变得对内部或外部发生的小变化（称为随机的涨落和干扰）特别敏感。在偶然性外部因素作用的某些阈值上，整个系统以一种异乎寻常的方式重新组织自己，长期积累的能量剧烈释放，系统趋向和缓。如洪水时期的河堤，其内部结构在洪水的压力下已远离平衡状态，河堤内部或外部的小变化（涨落或干扰）都可能引起决堤，大水泛滥，河水与堤坝之间重组新的平衡。

“三顺二应”模式将学生原有的最近发展区驱使到远离平衡的区域；备学基础上的课堂讨论是“系统以一种异乎寻常的方式重新组织自己”；对备学产生的问题的讨论——课堂高潮是“偶然性外部因素作用的某些阈值上积累的能量的剧烈释放”；学生顺合、同合、融合，形成新的最近发展区是“系统趋向和缓”。

## 二、“三顺二应”模式的课例解读

### “认识小数”课例分析

新知学习是建立在个体已有知识基础之上的，新的思维模块的构建也是在原有思维模块的基础上同合、顺合与融合而形成的。思维模块由知识结构、技能结构、智能结构、情意结构和观念结构组成。原有思维模块越多，反应就越灵敏，新思维模块的构建就越充分、快捷。备学，顾名思义就是为学习做准备。备学的目的是把与新知相关的已有思维模块调集到最近发展区备用。所以，备学要激活学生的三种经验：知识经验、生活经验、思维经验。理想的课堂就应该引导学生基于原有的知识经验、生活经验、思维经验构建新的思维模块。

夏梅老师在执教“认识小数”这一内容时，对“三顺二应”课堂教学模式进行了探索。

1. **顺意而备，激活认知需求**

**【教学片段】**

小数是十进分数的另一种表现形式，教学时，要紧密联系学生的生活实际，从学生的已有经验出发，找到生活与数学的契合点，引导学生发现小数与分数之间的联系，进而对小数的意义进行直观建模。鉴于以上思考，夏老师顺应学生的学习需求，设计了以下备学题。

1. 生活中，你在哪些地方见过小数？请收集三个用不同单位表示的小数。

2. 请将你收集的小数转化为分数或整数，并说说思考过程。

3. 请仔细阅读教材，提出三个有关小数的问题，进行小组讨论。

通过学生的备学题完成情况可以看出，学生都如实、认真地收集了生活中的小数。有的学生找到生活中的小数后进行了拍照记录，有的学生收集了一些食品包装袋上的小数。虽然每个学生只收集了三个小数，但全班学生收集的小数集合在一起种类还是很多的。有的学生还发现了分数与小数之间的关系，甚至画出了相应的图示。学生们提出的问题都具有一定价值，有些问题甚至是教师都没想到的。

**【评析】**

“顺意而备”是教师顺学生的意向备教、学生顺教师的意向备学。大多数情况下，教师比较重视备教，能认真钻研教材，深入了解学情，精心设计教学环节。尽管教师也了解了学生的意愿，但多是凭揣测或小范围的咨询进行了解的，无法深入了解全体学生的真实情况，因此无法真正做到因材施教。备学能解决这一难题，教师通过检查学生的备学题完成情况能深入、全面地了解学生的实际情况，在此基础上，教师再进行教学过程的二度设计，就能贴近学生实际、因材施教。

学生并非初次接触小数，他们对小数有一些认识，但并没有真正领会小数的意义，因此，让学生课前收集生活中的小数，具有非常重要的现实意义。通过备学，学生了解了小数在生活中的广泛应用以及一些小数的具体含义，这既能激发学生的求知欲，也能为学生的新知学习打下基础。

**2. 顺学而展，把握思维脉络**

**【教学片段】**

师：课前同学们收集了一些小数，现在来交流一下吧。

生：我记录了一些小数，一盒铅笔 8.8 元，我的身高是 1.33 米，一瓶雪碧净含量为 1.5 升。

生：这是我拍的照片，体重秤上显示我的体重是 16.5 千克；这本书的价格是 39.80 元；这是多维元素片的成分含量表，其中维生素 $B_2$3.4 毫克，钾 7.5 毫克。

生：我也拍了照片，这张是在菜市场拍的，洋葱 0.8 元一斤，山芹 1.9 元一斤；这张是在超市拍的，上面也有小数……

师：这几位同学可真细心。

生：（拿出实物）这个药盒上有许多小数，这节电池上写着 1.5 伏，这张发票上也有好多小数。此外，食品包装袋上的营养成分表里也有很多小数。我这里还有一张温泉门票，上面写着"限 1.4m 以下使用"。

师：你们知道这个"1.4m"指的是什么吗?

生：指人的身高。

生：书本后面的价钱有小数点，多维元素片的成分含量表中有小数点。

师：她记录的不是一个个具体的数，但她告诉了我们什么?

生：小数都有小数点。

师：虽然我们以前没有学过小数，但我们知道小数都有小数点。（板书：小数点）

师：大家都会读小数，不知道会不会写？比如 0.4。（板书：0.4）伸出你的手写一写。小数点在这里起分隔作用，它将小数分成了两部分，小数点的左边是整数部分，右边是小数部分。这个小数的整数部分是多少？（0）小数部分呢？（4）

【评析】

“顺学而展”即教师顺学习进程为学生提供合适的帮助，学生顺学习进程进行研讨互动。顺学而展真正做到了学为主体。顺学而展的课堂看似随心所欲，其实是经过教师精心准备的，教师必须有深厚的功底，才可能做到“随心所欲”、见招拆招。

课前，学生收集了很多生活中的小数，所以教师一开始就给他们提供了交流的机会，让学生先小组交流，再全班交流。这样能使学生体会到数学与生活的密切联系，随着教师的引导，学生还学习了小数的读法和写法，以及小数各部分的名称，在轻松愉快中获取了新知。

3. **顺构而思，构建思维模块**

【教学片段】

1. 借助商品价格认识小数

（生出示：0.5 元 $=\frac{5}{10}$元 $=5$ 角。）

师：这个小数的整数部分是几？

生：0。

师：这说明了什么？

生：说明它比 1 元少。1 元 $=10$ 角，5 角就是 10 角中的 5 份，所以是$\frac{5}{10}$元，用小数表示就是 0.5 元。

师：老师来摆一摆。（出示 10 个 1 角硬币进行摆演）

师：看来 5 角可以写成$\frac{5}{10}$元，也可以写成 0.5 元。数学可真有趣呀，原来 0.5 和$\frac{5}{10}$是相等的。（板书：$0.5=\frac{5}{10}$）

（生出示：0.8 元 $=8$ 角，0.8 元 $=\frac{8}{10}$元，8 角 $=\frac{8}{10}$元；0.3 元 $=3$ 角，0.3 元 $=\frac{3}{10}$元，3 角 $=\frac{3}{10}$元。）

师：我们可以说 $0.8=\frac{8}{10}$，$0.3=\frac{3}{10}$。（在摆出的 10 个 1 角硬币中圈出 9

个）如果我这样圈，你们知道现在表示多少吗？

生：9 角$=\frac{9}{10}$元$=0.9$元。

师：你能结合这个图把剩下的几个等式补充完整吗？

（生补充剩余的等式。）

师：看一下这位同学的发现，特别注意一下她后面的一段话。

（出示生的发现：0.2 元$=\frac{2}{10}$元$=2$角。我是这样想的：书上说几角就等于$\frac{(\ )}{10}$元，也就是 0.2 元$=\frac{2}{10}$元，$\frac{2}{10}$元其实是把 1 元平均分成 10 份，取其中的 2 份。）

师：观察黑板上的这几组等式，你有没有要补充或修改的？

生：零点几的小数就是把 1 平均分成 10 份，零点几就表示其中的几份。

师：零点几就是十分之几，十分之几可以用零点几表示。你很棒！

师：（圈出 10 个 1 角硬币）这是几个 0.1 呢？（10 个）10 个 0.1 是多少？

生：10 个 0.1 是 1。

师：我们以前还学过类似的，如 10 个——

生：10 个一是十，10 个十是百，10 个百是千。

师：原来小数和整数一样都是十进制，满十进一。

师：刚刚都是零点几元，不超过 1 元，如果超过了 1 元，怎么表示？

生：500 克米 2 元 2 角，2 元 2 角$=2.2$元。因为 1 元$=10$角，2 角占 1 元的$\frac{2}{10}$，$\frac{2}{10}=0.2$，所以 2 元 2 角$=2.2$元。

师：看来整数在小数点的前面，零头在小数点的后面。

2. 借助长度单位认识小数

师：除了研究价钱中的小数外，还有同学研究了长度单位中的小数。

（出示生的发现：4 分米是$\frac{4}{10}$米，因为 1 米$=10$分米，10 分米等分成 10 份，1 份就是$\frac{1}{10}$米，4 份就是$\frac{4}{10}$米。）

师：$\frac{1}{10}$米如何用小数表示？$\frac{4}{10}$米呢？

生：$\frac{1}{10}$米=0.1米，$\frac{4}{10}$米=0.4米。

生出示：

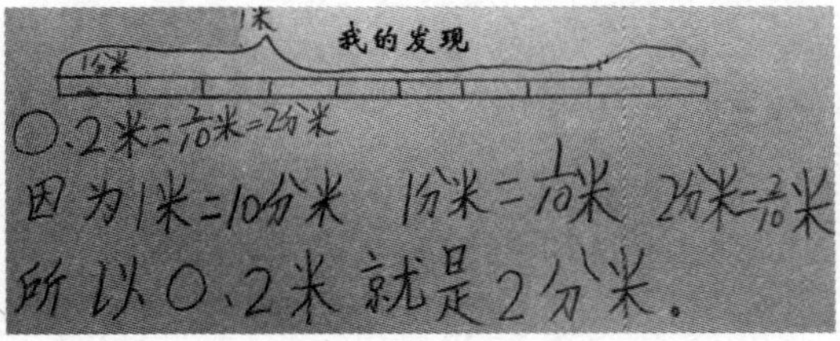


师：在他画的这张图中，把1米平均分成了多少份？1份是多少？2份是多少？7份、9份分别是多少？

（生回答。）

师：刚才这些零点几米都不超过1米，如果一位同学的身高是1.4米，1.4米比1米长。用一根米尺来量这位同学的身高够不够，怎么办？可以再加一根米尺，（通过多媒体演示）是不是这样？1.4米就是1米加4分米。如果有一个物体的长度比2米还要长，两根米尺不够了怎么办？（继续加米尺）如果更长呢？

师：可以无限延伸下去，不过生活中尺的长度是有限的，在数学中我们可以用一种简洁的方法来表示：画一个带箭头的直线，（在黑板上画一条数轴）数学中称为数轴，在这个数轴上我们可以看到0，1，2……

师：你能在数轴上找到我们今天学的小数吗？

（生上台指。）

师：数轴可以无限延长，上面的小数我们说得完吗？

3. 认识其他方面的小数

出示生1备学单：

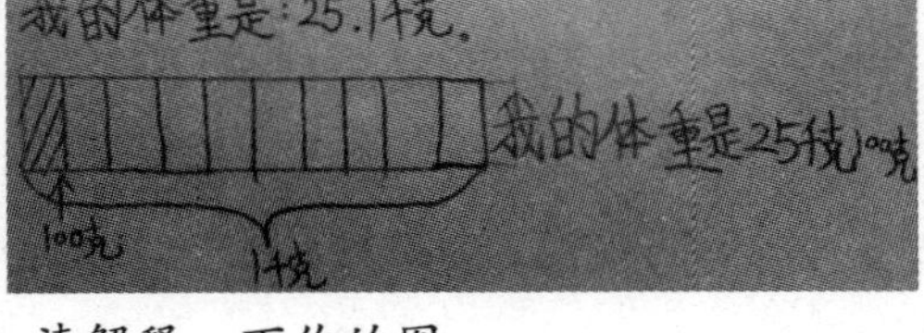


师：（对生1）请解释一下你的图。

生1：把1千克平均分成10份，其中的1份是0.1千克，也就是100

克，所以我的体重是 25 千克 100 克。

出示生 2 备学单：

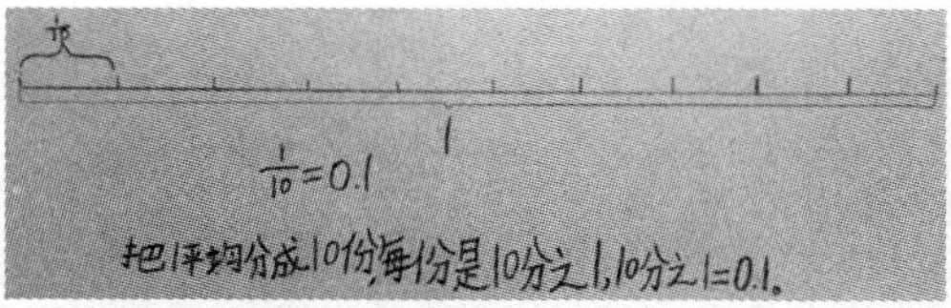


师：（对生 2）请解释一下你的图。

生 2：把 1 平均分成 10 份，每份是十分之一，十分之一等于 0.1。

师：谁还收集了其他小数。

生 3：$0.5=\frac{5}{10}$，$0.13=\frac{13}{100}$，$0.1004=\frac{1004}{10000}$。小数点后面有 1 位数，分母就是 10，分子是小数点后的数；小数点后面有 2 位数，分母就是 100，分子是小数点后的数；小数点后面有 4 位数，分母就是 10000，分子是小数点后的数。

师：看得出来你非常善于思考，这是一个很好的习惯。

**【评析】**

"顺构而思"指教师顺应教学目标来思考帮助学生构建思维模块的对策，学生顺应学习目标来思考如何构建新思维模块。有的学生擅长推理，有的学生擅长画图，有的学生擅长表达，教师要关注学生思维方式的差异，并据此进行教学。

在该教学片段中，学生把小数转化为分数或整数时，一是将商品价格中的小数转化为分数或整数，一是将长度单位中的小数转化为分数或整数，一是将除前两类外的其他小数转化为分数或整数。此时，教师有意识地顺着学生的备学发现引导学生研究学习资源，旨在让学生在一个开放的学习情境中讨论、研究、释疑，进而理解小数的含义。在这一过程中，教师帮助学生建立了知识框架，为学生搭建了探究平台，让学生充分利用已有的知识经验和生活经验，通过类比、迁移，认识了整数、分数与小数的关系，并深刻理解了小数的含义。整个教学过程真正成为体现学生主动构建思维模块的过程。

### 4. 应疑而研，聚焦疑难困惑

**【教学片段】**

师：今天我们认识了小数，你们还有什么问题吗？

生：一个小数的整数部分是7，小数部分是1，这个小数是多少？一个小数的整数部分是最大的一位数，小数部分的数比整数部分的数小3，这个小数是多少？

生：第一个是7.1，第二个是9.6。

生：小数和分数是怎么转换的？

师：谁来用今天学的知识回答这个问题？

生：零点几就是十分之几，十分之几就是零点几。

生：整数有个位、十位、百位，等等，那么小数的数位又是怎么样的呢？

师：这个问题还不在你们现在的学习范围内，感兴趣的话可以上网查找相关资料或请教爸爸妈妈。

生：小数之间能比较大小吗？为什么要学习小数？

师：你们觉得为什么要学习小数呢？

生：小数在我们的生活中应用得非常广泛。

生：小数非常重要。

师：小数能比较大小吗？这将是我们下节课学习的内容。

**【评析】**

“应疑而研”指教师针对学生提出的疑问展开教学，学生根据教师归纳的疑问展开学习。哈耶克说：“在我们提出明确的问题之前，我们无从运用自己的智力；而提出问题的前提是，我们已经对事件形成了某种假设或理论。”只有当学生陷入疑问时才有可能发生新的学习。但是教师要注意，问题来自教师是教为主导，问题来自学生才是学为主导。教师在教学时应做到，不是学生提出的问题不讲，没有经过学生讨论的问题不讲，学生已经解决了的问题不讲。

在该教学环节中，学生的提问将本课的学习推向高潮，还为后继的数学学习打开了一扇窗。在该教学环节中，学生自主提出问题，师生共同解决，由此激发了学生的探究兴趣，促进了学生的思考，进而体现了数学教学的价值。

**5. 应用而练，完善思维结构**

**【教学片段】**

1. 估一估

师：大家觉得我有多高?

生：大约160厘米。

师：160厘米是多少米呢?

生：1.6米。

师：也就是说——

生：160厘米=1.6米。

2. 玩一玩

每位同学准备一套0到9的数字卡片及小数点卡片，同桌进行摆小数游戏。

师：同桌合作，任意取出两个数字和一个小数点，组成一个小数，并读一读。

(生合作游戏。)

生：我的这三张卡片组成的数是2.8，还可以组成8.2。

生：我的是0.7。

生：我组成的数是0.6，交换0和6的位置，就变成了6.0。

师：这个小数挺有意思的。

生：6.0就是6。

师：任意取三个数字和一个小数点，你能组成不同的小数吗?试一试。

(同桌合作游戏。)

生：我们取了1，4，9三个数字，组成了14.9，41.9，19.4，91.4，49.1，94.1这些小数。

师：这么多，是不是都说出来了?

生：没有，他刚才说的数都是一位小数的数，这三个数字还可以组成两位小数的数，如1.49。

生：还有1.94，4.19，4.91，9.14，9.41。

师：小数有一位小数，也有两位小数，当然也有三位小数、四位小数，等等。课后同学们可以利用手中的卡片试一试。

**【评析】**

素质教育不是不需要考试的教育，课堂练习是必不可少的。教师应根据前几届学生学习本课内容的反馈，以及近几年的考题，精选课堂练习。思维结构包括知识结构、技能结构、智能结构、情意结构与观念结构，这些结构处于不断构建完善状态。知识结构与技能结构是可以通过练习外化的，在解题的过程中，智能、情意和观念（价值判断）是协同作用的。因此，进行课堂练习是思维结构不断优化重组和完善的过程。恰当的练习能使学生深化对知识的认识，强化对技能的运用，更重要的是能不断完善思维结构。

在本环节中，练习一估计教师的身高，有一定的现实意义，学生可以用整数表示，也可以用小数表示，在解决问题的同时，能将二者贯通，进一步理解小数与整数的联系。练习二的游戏，极具开放性，学生能拼出大小各异的一位小数，甚至能拼出不同的两位小数、三位小数等。从一位小数向多位小数的拓展，使学生关于小数的思维模块得到完善。

顺应主体发展的数学教学，并非对学生放任自流，而是需要教师研究师生在课堂中的协同规律，从而使课堂进程得到控制与优化，实现高效课堂。只有做到了“三顺二应”，师生才可能共享理想的课堂。

## “长方形和正方形的特征”课例分析

备学，从字面上来看，就是准备学习，虽然与预习有类似的地方，但二者有着本质的不同。预习主要是预先学习知识点，做到心中有数；备学是在预习知识点的基础上，能就知识点进行思考，并能从自己的生活经验中寻找更多和知识点相关的内容，进而学会提问。我们一直在追求理想的课堂，根据“三顺二应”模式，李晓红老师执教了“长方形和正方形的特征”这节课。

### 1. 启动经验储备，师生顺意而备

学生在平时的生活中对长方形和正方形已经有了一定的了解，因此这节

课相对来说比较简单。但越是简单我们往往越难把握，比如，哪些内容是学生比较熟悉的，哪些内容还需要教师带着学生一起进行探索等，备学正好能解决这一关键性的问题。通过设计备学题，让学生主动激活知识经验、生活经验、思维经验，并提出三个问题，教师据此了解学生"已经知道的"和"还想知道的"内容之后，对教学设计进行调整，从而围绕学生的实际情况展开教学。

**【教学片段】**

课前，李老师让学生根据以下问题进行了备学。

1. 生活中，哪些物体的面是长方形的，哪些物体的面是正方形的？请举出三个例子。

2. 关于长方形和正方形，你已经知道了什么？

3. 关于长方形和正方形，你还想知道什么？请提出三个问题，并进行小组讨论。

通过学生的备学情况可以看出学生能准确判断生活中一些物体的面是长方形还是正方形，也能通过对书本内容的自学概括出长方形和正方形的特征，还能根据生活经验阐述自己对长方形和正方形的认识。虽然有些学生的表达不是很精准，却能清晰地看出他们对长方形和正方形已经有了初步了解。学生们提出的问题五花八门："长方形和正方形是谁发明的？""为什么长方形比正方形长呢？"……虽然这些问题不太具有研究价值，却隐含了学生思维的轨迹。而且有些问题和书上"想想做做"中提出的问题有异曲同工之妙，只是表达更接近孩子的语言特色。

**【评析】**

在生活中，学生经常接触到长方形和正方形，对这两个图形，学生已经有了一定的知识储备，能正确地区分长方形和正方形。而在今天的教学中，教师主要是让学生重构这些模糊的知识经验，以使学生对长方形和正方形形成完整的认识。通过备学，学生启动了经验储备，为学习新知识做好了准备。

2. 把握认知基础，师生顺学而展

有时学生并不能很好地把握概念，在学习进程中，教师适时地帮助并引导学生进行深入的研讨互动，能使学生进一步理解新知识。通过对学生备学情况的了解，教师可以很好地根据学生的学习情况开展教学。

**【教学片段】**

师：课前，我们对长方形和正方形的特征这一内容进行了备学，谁来说一说哪些物体的面是长方形的？

生：课桌的面是长方形的。

生：数学书的面是长方形的。

生：黑板的面也是长方形的。

师：哪些物体的面是正方形的？

生：魔方。

师：我们要说，魔方的每一个面都是正方形的。

生：老师，魔方的每一个小块的面也是正方形的。

生：有些地砖的面也是正方形的。

师：通过备学，你对长方形有了哪些了解？

生：两条长的边相等，两条短的边相等。

师：能说得更简洁些吗？

生：长方形的对边相等。

师：谁来指一指？

（生上台指，用不同的颜色标出两组对边。）

师：你对长方形还有哪些了解？

生：长方形的角都是直角。

生：它有四个角。

……

师：谁来介绍一下你手上的这个长方形？

生：长方形对边相等。

生：长方形有四个直角。

师：我看到你们制作的长方形上写了一些数据，能把它们介绍给大家吗？

生：我制作的长方形有两条边是15厘米，有两条边是10厘米。

生：我们可以说长方形的长和宽。我制作的长方形的长是 12 厘米，宽是 9 厘米。

师：在长方形中，长的那条边叫长，短的那条边叫宽。

师：谁能再用这样的名称来介绍一下你制作的长方形。

生：我制作的长方形的长是 10 厘米，宽是 8 厘米。

生：我制作的长方形的长是 11 厘米，宽是 7 厘米。

……

**【评析】**

关于长方形和正方形的特征，上课伊始，教师就组织学生进行了小组交流，在小组交流过程中，学生更多地了解了生活中的长方形和正方形，完善了自己对长方形和正方形的特征的认识。在集体交流中，教师适时地进行引导和总结，使学生通过相互补充和小结，进行了规范、简洁的语言表达。

3. *关注思维差异，师生顺构而思*

我们提倡因材施教，教学时要关注学生不同的思维方式，关注学生的差异，根据教学目标协同学生构建新的思维模块。

**【教学片段】**

师：刚才我们对长方形的特征进行了验证，谁来说说你的验证方法和验证结果?

生：我量了一下，发现我的长方形长的两条边都是 10 厘米，短的两条边都是 7 厘米，所以是对边相等。

生：我是通过对折发现对边相等的。(上台演示)

师：关于长方形的四个角都是直角，你又是怎样验证的?

生：我是用三角尺去比的。只要用三角尺上的直角去比，就能判断出长方形的四个角是不是直角了。我发现，它的四个角都是直角。

师：说得真完整。通过验证，我们确定了长方形对边相等，四个角都是直角的特征。

……

师：我们一起来验证一下正方形的特征。

(生验证。)

生：我通过测量发现，我的正方形的每条边都是10厘米，所以它的四条边是一样长的。

生：我用三角尺的直角比出正方形的每个角都是直角。

生：我用的是对折的方法。横向对折后，展开再纵向对折，发现四条边都一样长。

生：不对，还要再沿对角线对折，才能说明四条边都一样长。

师：是的。

生：我先把正方形沿对角线对折，然后在这个基础上再对折，（演示）现在正方形的四条边都在一起了，我发现四条边一样长。

师：这样把四条边都折到一起，不失为一个好办法。

**【评析】**

在验证长方形和正方形的特征环节，关于角的验证，大部分学生都用三角尺上的直角去一个个地比。而关于边的验证，方法就丰富多了：有的学生直接量出每条边的长度，以此来证明；有的学生运用折的方法，直接将四条边进行了比较。这些不同的操作方法背后有着不同的思维方式。经过长方形特征的验证后，在验证正方形特征时，有的学生借鉴了别人验证长方形特征的方法。这也是一种知识的迁移运用，而这样的知识迁移，也是学生构建思维模块的过程。

4. ***注重质疑解惑，师生应疑而研***

教学过程是发现问题、提出问题、解决问题的过程。在教学中，问题的发现者和提出者不能仅仅局限于教师，学生也应该参与到问题的发现和提出中来，教师应该围绕学生的疑问展开教学。

**【教学片段】**

师：在备学过程中，同学们提出了很多问题，还有哪些问题没有解决？

生：什么情况下长方形可以变成正方形？

师：我是不是可以理解为，怎样把长方形变成正方形？谁来解决这个问题？

生：可以把长方形的一个角折过来，再把多余的部分剪掉就好了。（示范）

师：为什么这样折了以后，剪掉多余的部分剩下的就是正方形呢？

生：这样一个角折上去了之后，就成了一个正方形了。

生：这样一折，（用手指着）这两条边就相等了，那么四条边也都相等了。

生：用两个同样的三角尺拼出的是正方形还是长方形？

师：请同学们拿出一副三角尺，和同桌合作拼一拼。

生：可以拼成正方形。

生：也可以拼成长方形。

师：是不是只要两个三角形相同，就能拼出长方形或正方形？同学们课下可以再去验证一下。

**【评析】**

在备学过程中，学生提出的问题很多，通过新知识的学习和同组成员的交流，一些问题已经得到解决，于是教师把没解决且有价值的问题放到了课堂上，让全班进行讨论，围绕学生的问题开展教学，不仅解决了学生的疑问，也进一步发挥了学生学习的主体性。适时地对这些问题进行归纳和引申，促进了学生的研究和探讨，激发了学生的思维。

5. **巩固知识体系，学生应用而练**

在数学课堂上，少不了对新知识的练习。教师要精心设计课堂练习，练习不可重复，不可超纲，要难易适中，层层推进。这不仅是对知识体系的巩固，更是对学生思维模式的完善。

**【教学片段】**

师：我们来画一画长方形和正方形，请出方格纸帮忙。

师：我们假设这一格的边长是 1 厘米。如果要画 3 厘米，就要画满 3 格；如果要画 5 厘米，就要画满 5 格。

（出示要求：男生画长 8 厘米，宽 6 厘米的长方形；女生画边长是 7 厘米的正方形。）

（学生画，同桌检查。）

……

师：你能用 12 个小正方形拼成长方形吗？

（生拼。）

生：我把12个小正方形拼成了一行。

生：我拼成了2行，每行6个。

生：我拼成了4行，每行3个。

师：如果要拼成一个大正方形，需要几个小正方形呢？

生：4个。

生：8个。

生：8个不行。

（生试着拼。）

**【评析】**

在方格纸上画出一个长方形或一个正方形，正是对这堂课学习重点的检验。让学生画一个长方形或正方形并做小老师检查同桌画的是否准确，不仅在画与查的过程中了解了学生的知识掌握情况，还使学生对知识进行了运用，这样能提高学生的参与积极性。用若干个小正方形拼出一个长方形比较简单，但在拼出正方形这一问题上，很多学生都认为8个小正方形也可以拼成一个大正方形，之后学生通过实践操作，不仅得到了正确答案，也明白了实践操作是帮助我们解决问题的一种有效方法。

## 第二节　基于备学的课堂践行

### 读懂学生思维

——“三角形的面积”复习课教学片段及思考

在复习三角形的面积时，我让小淼说一说三角形的面积计算公式，他很快说出：“三角形的面积等于底乘高除以2。”其他学生急忙补充：“三角形的面积是与其等底等高的平行四边形面积的一半。”“两个完全一样的三角形能够拼成一个平行四边形，因为平行四边形的面积等于底乘高，所以三角形的面积等于底乘高除以2。”……

学生争相补充与三角形相关的概念。一旁默默不语的小睿说：“要求三角形的面积，首先要知道底和高两个条件才可以。”

小雨反对说：“我不太赞同这样的说法，因为在特殊的情况下，只需要一个条件就可以求三角形的面积了。如这道题：一个等腰直角三角形的一条直角边是10厘米，它的面积是多少平方厘米？"

小睿："这其实也是两个条件，等腰直角三角形的一条直角边是10厘米，那么，它的另一条直角边也是10厘米，相当于两个条件一起说了。"

看着学生争论的样子，我深感欣慰。小睿的解释很有道理，小雨思考片刻说道："我把题目改一下，仍然可以只要知道一个条件就能求三角形的面积。比如，一个等腰直角三角形的斜边是10厘米，它的面积是多少平方厘米？"小雨出示下图。

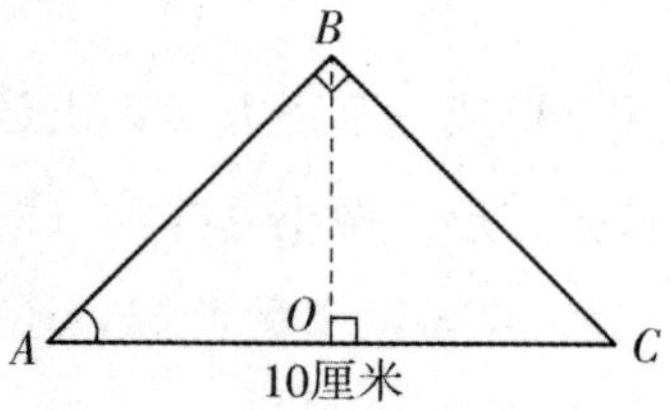


显然，在这里，等腰直角三角形的斜边是10厘米，它的一半就是5厘米，斜边上的高也就是5厘米。那么，该三角形的面积是10×5÷2=25（平方厘米）。

这道题出现了很多种不同的解法。

小朗把这个等腰直角三角形沿着高剪开，然后把两个小等腰直角三角形拼成了一个正方形。（见下图）斜边的长是10厘米，它的一半是5厘米，也就是这个正方形的边长是5厘米，从而求出其面积是5×5=25（平方厘米）。

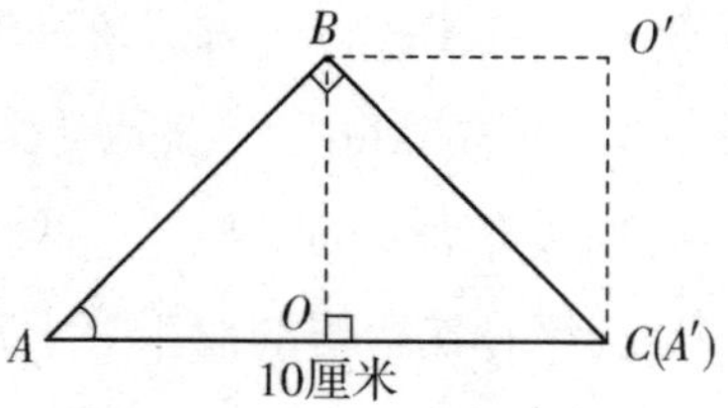


小驭又把它变成了长方形（见下页图）。

沿着等腰直角三角形的高的中点 $H$ 画底边的平行线与 $AB$、$CB$ 分别相交于 $F$、$G$ 两点，沿着线段 $FG$ 剪下三角形 $BFG$ 和梯形 $AFGC$，将三角形

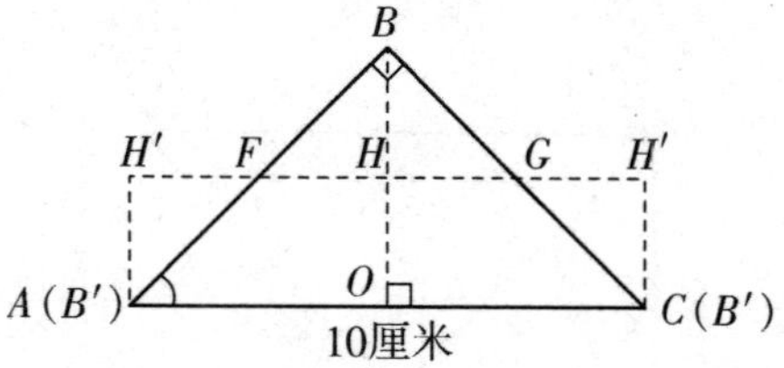


BFG沿着高BH剪开，拼在梯形的两侧，就拼成了长方形。

斜边上的高BO是5厘米，高的一半就是2.5厘米（即HO为2.5厘米），也就是长方形的宽是2.5厘米。于是，求出其面积是10×2.5=25（平方厘米）。

看到小驭的解法，讲台下的同学又有了自己的想法。

小迪把这个等腰直角三角形剪、拼成了一个正方形（见下图），正方形的边长是5厘米，其面积是5×5=25（平方厘米）。

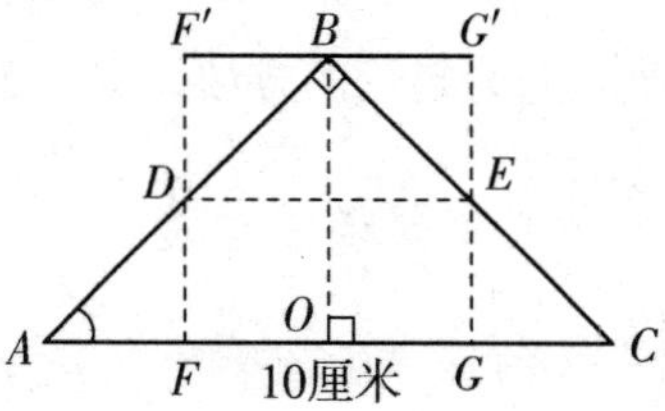


学生积极地思考着，兴趣高涨，还想用其他的方法来证明自己的实力。

小依的想法：将该等腰直角三角形ABC转换成一个大的等腰直角三角形BCD（见下图），已知大等腰直角三角形BCD的两条直角边都是10厘米，所以原等腰直角三角形ABC的面积为10×10÷2÷2=25（平方厘米）。

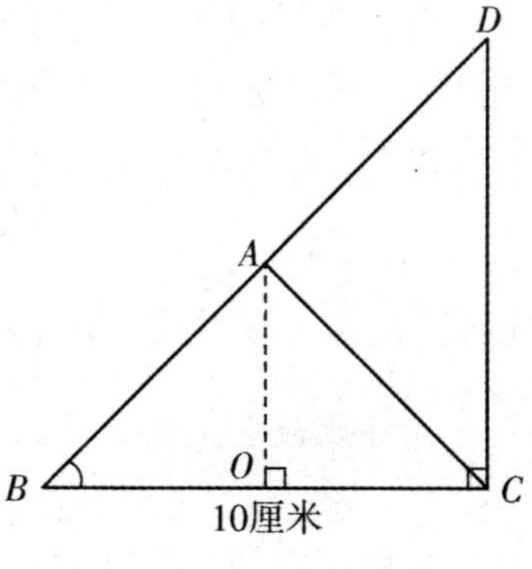

不一会儿，小胤也有了想法，把图形再次做了变化（见下图）。

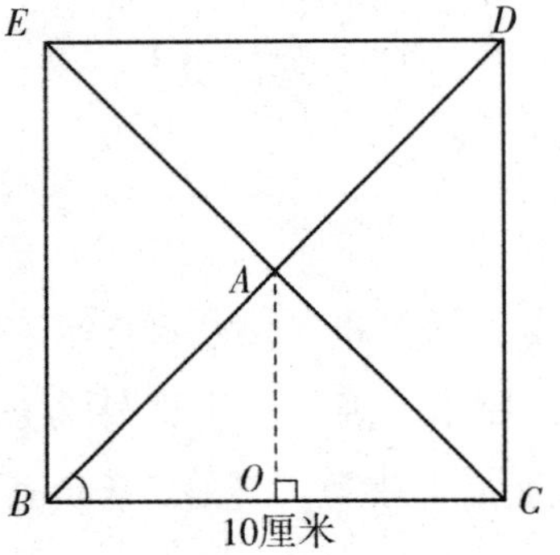


正方形 $BCDE$ 的面积是等腰直角三角形 $ABC$ 的面积的 4 倍。据此就可以求得等腰直角三角形 $ABC$ 的面积为 $10\times10\div4=25$（平方厘米）。

不同的学生有不同的解题思路，无所谓哪种方法好，哪种方法差，适合的才是最好的，所以作为数学教师，不应该局限于一道题的某一种解法，而应该读懂学生的思维，引导学生找到最适合自己的方法，真正做到因学而导，因学而教。

## 兼具前馈功能

### ——"分数的基本性质"教学片段及思考

在教学中，学生的学习反馈能促使教师及时调整和改进教学，但反馈信息具有滞后性，而且容易矫枉过正，产生波动，影响教学系统纠正偏差的时效与作用，由此影响系统的控制功能。为了克服反馈信息的滞后性，需要在输出信息未出现偏差之前，及时纠正即将发生的偏差。运用前馈调控，使教学过程中的偏差在即将发生之前就被纠正，把问题、错误消灭在萌芽状态，是提高课堂教学有效性的重要方法。备学具有前馈功能，通过课前了解学生的备学情况，教师可预先知道学生容易在什么地方出错，哪些内容学生易于接受，哪些内容可能使学生思维受阻。

教学"分数的基本性质"这一内容时我设计了如下备学题。

1. 画图表示$\frac{1}{3}$，$\frac{2}{6}$，$\frac{3}{9}$，并比较它们的大小。

2. 写出与$\frac{1}{2}$相等的三个分数，观察这些分数，写出自己的发现。

3. 提出三个关于分数基本性质的问题在小组内讨论。

课前，我发现很多学生在画图表示$\frac{1}{3}$，$\frac{2}{6}$，$\frac{3}{9}$这三个分数时，选择的单位“1”是不同的。有的画圆表示，但圆的大小不相同；有的甚至用不同的图形表示。这是我之前未曾预料到的。显然，备学确实具有一种前测的功能。通过了解学生的备学情况，我们能了解学生的所思所想，以及他们的困难和疑惑。在理解分数的意义时，如果单位“1”不同，那就无法进行表述，更无法比较分数的大小。通过学生的备学题完成情况可以看出，学生对此没有清晰的认识，他们只是孤立地看待这些分数，并没有从系统的角度去审视。基于此，反馈第一个问题时，我先让学生说出每一个分数的意义，再引导学生用一般意义去概括，同时强调，表示这些分数时，所选取的单位“1”应该是一致的，否则无法进行大小的比较。可见，了解学生的备学情况，是教师把握教学重难点的依据。

反馈第二个问题时，我鼓励学生说出与$\frac{1}{2}$相等的分数，学生说出了很多，如$\frac{2}{4}$，$\frac{3}{6}$，$\frac{4}{8}$，$\frac{5}{10}$，$\frac{8}{16}$，$\frac{50}{100}$……我问：“与$\frac{1}{2}$相等的分数能说完吗?”学生齐答：“说不完，有无数个!”我追问：“能用一个数表示出这一类分数吗?”这显然是一个建模的过程。思考片刻后，有学生说：“可以用$\frac{x}{2x}$表示。”还有学生说：“可以用$\frac{a\times0.5}{a}$表示。”接着，我引导学生观察如下分数。

$$\frac{1}{2}=\frac{2}{4}=\frac{4}{8}=\frac{8}{16}$$

学生通过寻找这些分数中的变和不变因素，了解了分数的基本性质。

反馈第三个问题时，我鼓励每个小组提出经小组提炼的自认为有价值的问题。因为事先浏览了学生所提出的问题，所以我对此已有所了解，但学生的问答情况，却依然有出乎意料的精彩。各组学生提问的积极性都很高，小蔡组提问：“学习分数的基本性质有什么用?”这个问题凸显了学习分数基本性质的价值所在。马上有学生回答：“可以约分、通分。”连学困生王同学也说道：“还可以化简分数!”我笑着说：“分数基本性质的作用很大，它是我们计算分数加减法的基础。以后，你们就能意识到这一点了。"小姚组问道："分数的基本性质适合所有分数吗?"闻听此问，学生一起给出了肯定的回答。张同学问道："能根据一个假分数写出很多与它相等的分数吗?"学生立刻齐答道："当然啦!"小陈组提问："如果分子、分母分别乘或除以不同的数，分数的大小有可能不变吗?"大家有些沉默。我正想据此来强调分数的基本性质时，徐同学站起来说道："比如$\frac{2}{4}$，分子乘 0.5，分母除以 2，就等于$\frac{1}{2}$，大小还是不变。"乍听此言，我都有点瞠目结舌，这可是我也没想到的例子呀！我引导学生发现，乘 0.5 就等于除以 2，并顺势强调："分子、分母要同时乘或除以相同的数（0 除外），分数的大小才不变。"有学生问道："为什么不可以是同时加或减相同的数呢?"任同学说："比如$\frac{5}{5}$，分子、分母同时加 1，大小不变。"这个例子有点儿出乎我的意料，但我马上引导学生发现，这是一个特例，没有普适性。学生的问题充满了智慧的火花，其他学生的解答也充满了趣味，很多并非教师所能预设的。

前馈调控是控制论的基本概念之一。前馈调控是面向未来的调控，是期望防止问题的发生而不是出现问题时再补救，它克服了反馈信息滞后的缺点，具有前瞻性。备学，使教学前馈成为可能。教师通过备学题能对学生的认知情况有较全面的了解，据此调整教学，能更贴近学生，发挥学生的主动性和能动性。而且，前馈信息为教师以学定教、按需试教，提供了很大的帮助。当然，备学只是了解学生情况的一个重要途径，教师也可通过观摩教学、反省得失等方式摄取教学营养，再通过吸收、消化，为以后的教学提供大量的前馈信息。最终，将前馈信息和反馈信息相结合，教学系统就能达到较好的控制效果。

## 备学拓宽视野

——"求一个数比另一个数多(少)百分之几的实际问题"教学片段及思考

在教学"求一个数比另一个数多（少）百分之几的实际问题"时，我课前设计了这样的备学题。

1. 红花有 20 朵，黄花有 25 朵，请用三种方式比较这两种花，并计算出来。

2. 写出比较中的三个发现。

3. 提出比较中发现的三个问题。

交流后，让学生根据“红花有 20 朵，黄花有 25 朵”，提出有关两个量相比较的问题。学生的问题大致如下：“红花的数量是黄花的百分之几?”“黄花的数量是红花的百分之几?”“红花的数量是黄花的几分之几?”“黄花的数量是红花的几分之几?”“黄花比红花多几朵?”“红花比黄花少几朵?”随着对这些问题的解答，学生对两个量的比较有了比较全面的认识，即两个量既有相差关系，也有倍比关系。

此时，我提出问题：“红花有 20 朵，黄花有 25 朵，黄花比红花多百分之几?”为了便于学生理解，我先画了线段图，然后让学生分析问题，求“黄花比红花多百分之几”即求“黄花比红花多的朵数占红花朵数的百分之几。”理解题意后，学生根据线段图，用两种方法进行解答。其一，先算 25－20＝5（朵），再算 5÷20×100％＝25％；其二，先算 25÷20×100％＝125％，再算 125％－100％＝25％。

之后，我将问题改为：“红花比黄花少百分之几?”再让学生计算，学生依然用两种方法解答。其实，这时应该放手让学生自主进行比较。这两个问题虽然不同，但它们有共同之处。

在提问环节，有学生问道：“今天学习的百分数的实际问题与之前学的内容有什么相同的地方?”经过我的引导，学生发现今天学习的依然是求一个数是另一个数的百分之几的问题，不同的是，今天要先求出相差数再除以单位“1”，似乎变得复杂了，但结构是不变的，这就是模型思想。

备学，让学生的视野更开阔。基于大视野的教学，能将数学问题结构化、体系化，久而久之，能培养学生思维的灵活性，提高课堂教学效率。

## 更多依赖学生

——“倒数的认识”教学片段及思考

教学“倒数的认识”一课时，我设计的备学题如下。

1. 写几个两个数相乘得 1 的算式。

2. 把这些算式中的乘数都写成分数，并写下你的三个发现。

3. 提出三个关于倒数的问题在课上讨论。

上课伊始，学生基于备学进行小组交流，之后，学生汇报自己的例子。

$0.25\times4=1$，$0.125\times8=1$，$0.2\times5=1$，$0.1\times10=1$，$\frac{3}{4}\times\frac{4}{3}=1$，$\frac{5}{8}\times\frac{8}{5}=1$，$10\times\frac{1}{10}=1$，$1\times1=1$。

学生举这么多小数乘整数的例子，是我始料未及的。以前我们教学这一内容时，经常从分数乘分数的例子引入，这样做的弊端是什么呢？学生一开始总会产生"倒数就是倒过来的数"这样的认识。优秀的教师会用整数或小数的例子，纠正学生的这一认识，促使他们形成正确的"倒数"的概念。事实上，倒数跟"倒过来"没有必然联系，这种情况只出现在分数的倒数中。通过备学，学生呈现了极为丰富的素材，有小数乘整数、分数乘整数、分数乘分数，甚至还有整数乘整数，这便有效避免了学生产生"倒数就是倒过来的数"这一错误认识。

在第2题中，让学生将算式中的乘数都写成分数，这个环节似有多余之嫌，难道要改成分数，才能看出倒数的规律吗？两个数的乘积为1这两个数互为倒数，至于这两个数是分数、小数，还是整数，并没有限定。因此，我们呈现的素材越丰富，越有助于学生发现倒数的本质。

学生的发现很多，关于倒数的特性，几乎都被学生说出来了，有些甚至是我都没想到的。比如，0没有倒数，就是学生提出来的。

当学生的主动性被激发出来后，教师便可将课堂交给学生。解放学生，也解放自己，何乐而不为呢？

## 让教发端于学

### ——"小数的性质"教学片段及思考

教学是教和学的双边活动，从教学研究范式来看，虽然教和学各有自己的独立活动，但二者无法分离，教离不开学，学离不开教，教学永远是教与学的有机结合和辩证统一。教学本质上是教师代表主流社会的价值引导与学生自主构建的有机结合和统一，是教师对学生学习活动的正确引导、科学组织和有效规范。在教学中，学生与教师是平等的合作者，他们不仅是教学过程的参与者，还是教学过程的创造者。当教发端于学，教师就能顺应学生的学习需求去教，这样，学生的参与深度和广度就得到了保证。

在教学“小数的性质”这一内容前，我让学生进行了备学，备学题如下。

1. 写出三个关于小数的性质的发现。

2. 提出三个关于小数的性质的问题。

上课伊始，我先让学生四人为一小组交流备学情况。由组长组织大家介绍自己的发现，解决同组成员所提的问题，并在讨论的基础上，提炼出一个有意义的发现和一个有价值的问题进行全班展示。

在全班展示时，我先让学生说出有关小数的性质的发现。有学生很快就说出了小数的性质，我及时板书：小数的末尾添上“0”或去掉“0”，小数的大小不变。有学生说：“把小数末尾的‘0’去掉，可以把小数化简。”显然，他们对小数的性质已经有了初步的了解。

了解了小数的性质后，我鼓励学生提出关于小数的性质的问题。颜宇问：“小数点后面的‘0’能去掉吗?”学生立刻喊出来：“只有末尾的‘0’能省略。”这本是容易混淆的概念，经由学生自己提出来，相信一定会使他们印象深刻。至此，学生对“小数末尾的‘0’能省略”已达成共识。接着，杨玉如问：“为什么小数的末尾添上‘0’或去掉‘0’，小数的大小不变?”这是一个非常有意义的问题，直抵小数性质的本质。学生在思考。这时，孙颖说道：“0.2 就是十分之二；0.20 就是百分之二十；0.200 就是千分之二百。通过画图表示这三个数我们可以发现它们的大小一样。”在她回答问题的同时，我画出了图，并引导学生分析 0.2，0.20 和 0.200 的意义，比较它们的大小，使学生最终得出 0.2＝0.20＝0.200 这一结果。这样，就直观地证明了小数的性质。

这一问题解决后，徐可欣提问：“小数的末尾添上‘0’或去掉‘0’，小数的读法还一样吗?”学生齐答：“不一样!”我顺势带领学生读了这几个小数，读法不同这是显而易见的。朱嘉林继续问道：“小数的末尾添上‘0’或去掉‘0’，意义还一样吗?”这个问题非常有价值，于是我马上引导学生进行分析。通过分析学生发现，0.2 表示十分之二，也表示 2 个 0.1；0.20 表示百分之二十，也表示 20 个 0.01；0.200 表示千分之二百，也表示 200 个 0.001。由此可以看出，小数的末尾添上“0”或去掉“0”后，小数的大小不变，但意义改变了。借助这个问题，学生自主将小数的意义和性质相贯通，形成了有机整体。

这时，杨玉如又问道：“小数的末尾添上‘0’或去掉‘0’，小数的计数单位变了吗?”学生的思维还真宽广，课前我并没有设计这样的问题。于是，我把握时机，再次引导学生看黑板上的这三个小数，学生很快就发现 0.2 的计数单位是 0.1，0.20 的计数单位是 0.01，0.200 的计数单位是 0.001。可见，小数的末尾添上“0”或去掉“0”后，小数的大小不变，但计数单位改变了。

在此基础上，我追问：“小数的末尾添上‘0’或去掉‘0’，什么变了，什么没变?”学生讨论后发现：小数的末尾添上“0”或去掉“0”，小数的大小不变，但读法、意义、计数单位都发生了变化。于是，我感叹道：“不变中蕴含着变化，这就是数学的神奇之处。”在提问与解答中，学生对小数的性质、意义、计数单位等，都有了更深入的理解。

有些教师总是怀疑学生的提问能力，总是抱怨自己的学生不会提问。事实上，我们都该扪心自问：教师是否给了学生自主发现和提问的时间与空间？教师是否能理解学生的问题并为我所用？如果教师不重视学生的主体地位，学生是很难提出高质量的问题的。在本课教学中，有关小数的性质的问题大多来自学生，这些问题不仅是教师预设问题的必要补充，而且能激发学生的学习兴趣。

在教学中，教师要鼓励学生思考并提出问题，然后再根据学生的问题组织教学，这样的教才算发端于学生的学，这样的学才真正符合学生的认知规律。当课堂中的教发端于学，课堂一定是贴近学生的，是生动而富有灵性的。

## 教亦源自于学

### ——“等式的性质”教学片段及思考

新学期如期而至，看着备学后课堂上学生相互学习的劲头儿，我倍感欣慰。在教学“等式的性质”这一内容之前，有教师提出：“教学这一内容时，会出现形如 $100-x=50$，$100\div x=50$ 这样的方程，用等式的性质来解比较麻烦，但暂时又不能引导学生依据逆运算的关系来解，现在介绍逆运算还有点儿早。”而我认为：“我们最应该思考的是，如果学生在交流时提出这样的方程，我们是引导他们依据等式的性质解呢，还是依据逆运算的关系解？哪种方法学生更容易接受？”

做了适度的预设后，我怀揣着“学为主导”“顺学而导”的思想走进了教室，让学生交流自己备学中的发现和问题。未曾想，与同事备课时的困惑，在学生相互补充的过程中迎刃而解了。作为教师，我们应该力求做到，让“教”真正源于学生的“学”。

课堂上，有学生提出了这样的问题。

生：像 $x+10=20$ 这样的方程根据等式的性质很容易求出解，具体解法如下。

$$x+10=20$$
$$x+10-10=20-10$$
$$x=10$$

生：为什么等号两边是同时减去10，而不是减去20呢？

这个问题问得挺好，我不动声色，继续扮演“平等中的首席”。

生：因为只要把等号左边的“+10”抵消就可以了。

师：好一个“抵消”，很不错。

生：这道题还可以这样想——

$$x+10=20$$
$$x=20-10$$
$$x=10$$

生：在一年级我们学过 $10+10=20$，在这里 $x$ 表示一个加数，一个加数等于和减去另一个加数。

生：关于这个方程，我们可以有两种解法——

$x+10=20$　　　　$x+10=20$

$x+10-10=20-10$　　　　$x=20-10$

$x=10$　　　　$x=10$

看着学生们的争论，我觉得课堂学习简直就是一场思维的盛宴。显然，学生对之前学过的知识掌握得相当牢固，已能触类旁通。在初学用等式的性质解方程时，学生大多数会用左边的解法，但没想到学生居然还想出了右边这种简化之后的解法，于是我顺应学情，让学生继续提问。

生：刚才的问题比较好解决，像 $200-x=50$ 这样的方程就比较难用等式的性质来解决了。

生：我昨天和爸爸一起研究了这样的方程，可以这样解——

$200-x=50$

$200-x+x=50+x$（等号两边同时加上 $x$）

$200=50+x$

$50+x=200$

$50+x-50=200-50$

$x=150$

我窃喜，学生已经能用数学语言把两次运用等式的性质的过程讲得这么清楚。但我发现讲台下有些学生似乎不太明白这一解方程的过程，也许是因为这个过程较长了一些。

生：在 $200-x=50$ 这个方程中，200 代表被减数，$x$ 代表减数，50 代表差，运用减数等于被减数减差这一法则就能够解这一方程。

$200-x=50$

$x=200-50$

$x=150$

这名学生根据减法各部分之间的关系，得出了该题的解法，这对刚学会使用等式的性质解方程的学生来说，可能还有些难度。

生：我也有一种解法，在一年级时我们学过 $7-2=5$，由此可以想到

$2+5=7$或者 $5+2=7$，那么我们就可以“看减想加”，把 $200-x=50$ 变成 $50+x=200$ 或者 $x+50=200$，然后再用等式的性质就可以解出来了。

这时，教室里响起了热烈的掌声。

以往教这一内容时，大多数教师都觉得学生们解其他方程比较容易，但在解形如 $a-x=b$ 这类方程时，容易受思维定式的影响，无从解答。有的教师甚至需要用一节课的时间来专门讲这类方程的解法。教师不应刻意逃避问题，而应让学生互相投“石”，看能激起多少波澜，待问题出现之后，学生定会擦出思维的火花。

## 巧用备学资源

——“百分数的应用”教学片段及思考

教学“百分数的应用”这一内容时，考虑到百分数与分数有着紧密的联系，且它们的应用有很多相似之处，所以我设计了这样的备学题。

1. 我们已学过“求一个数是另一个数的几分之几”和“求一个数比另一个数多（少）几分之几”，请分别举一个例子，并列式计算。

2. 举例说明百分数与其他知识的联系。

3. 提出三个有关百分数应用的问题在小组内讨论。

这样的备学，试图激活学生关于分数和百分数的学习经验。

课前翻看学生的备学作业，我发现有些学生的思维比较发散，如顾同学举的例子。

1. 一本《新华字典》16 元，一本《十万个为什么》的价格是一本《新华字典》的$\frac{7}{4}$，一本《十万个为什么》多少钱？

2. 一斤草莓 18 元，一斤苹果的价钱比一斤草莓便宜$\frac{5}{9}$，一斤苹果比一斤草莓少多少元？

显然，她是将“一个数是另一个数的几分之几”作为条件的，这虽不符合要求，但是否就毫无价值呢？我灵机一动，何不将其作为铺垫练习呢？“布置作业不要‘清一色’，要‘混一色’。”特级教师翟裕康的话言犹在耳。又如，奚同学举例如下。

1. 一杯盐水，盐 10 克，水 100 克，盐占盐水的几分之几?

2. 一杯盐水，盐 10 克，水 100 克，盐比水少的克数占水的几分之几?

其实，这两个例子很普通，为什么我会格外注意呢? 因为"占"与"是"有相似之处，借此可拓宽学生的视野；而"盐比水少的克数占水的几分之几"是此类问句的完整表达形式，对学生理解其意义会有帮助。

我在课堂上先出示顾同学的例子，有学生发现这类例子与要求不符，但我仍引导学生列式解答，这便充分发挥了这些习题的练习功能。为了使学生更好地理解题意，我还鼓励学生在脑中画线段图，待问题解决后，我又让学生分析这两道题的相同之处，使学生构建了分数乘法应用题的计算模型：单位"1"×对应分率＝对应数量。

接着，我出示奚同学的例子。对于第 1 题，我在引导学生求出"盐占盐水的几分之几"后，又让学生求"盐占水的几分之几"，通过对比，鼓励学生关注相比较的两个量。对于第 2 题，在学生解答后，我又引导学生将问题进行缩句，将"盐比水少的克数占水的几分之几"缩为"盐比水少几分之几"之后，让学生解题。解完之后，我追问："'求一个数是另一个数的几分之几'和'求一个数比另一个数少几分之几'有什么共同之处呢?"讨论后，有学生说："都是两个量的比较。"还有学生说："都要用除法计算。"设计这样的问题，旨在引导学生形成这类问题的计算模型：比较量÷标准量（单位"1"）＝对应分率。

这时，我问学生："这类分数应用题与百分数应用题有什么联系呢?"学生都说"一样"。是啊，从分率角度看，百分数应用题同分数应用题在结构上是一致的，只是形式有些不同罢了。可见，教学百分数应用题时，从相关分数应用题入手，不仅找准了学生的认知起点，而且能使学生将新知纳入原有的认知结构中，这样的同化无疑是顺畅的。

学生通过个性化备学，会呈现丰富的资料，对此教师要具有慧眼，选择适合的资料进行展示。教师要正确看待学生提供的资料，即便有些资料是错误的，也要引起重视，因为这些资料能体现学生的思维历程，能为教师了解学情、调整教法和进度提供参考。

## 妙用错误资源

——“圆的认识”教学片段及思考

执教“圆的认识”这节课，在进行练习时，我顺学而导，依据学生的想法进行教学，没想到在动态生成的资源中，错误资源竟然给大家带来很多惊喜。

在练习中，有这样一道题：在下面边长 2 厘米的正方形里画一个最大的圆。

小玉组分享了一个错误的例子：

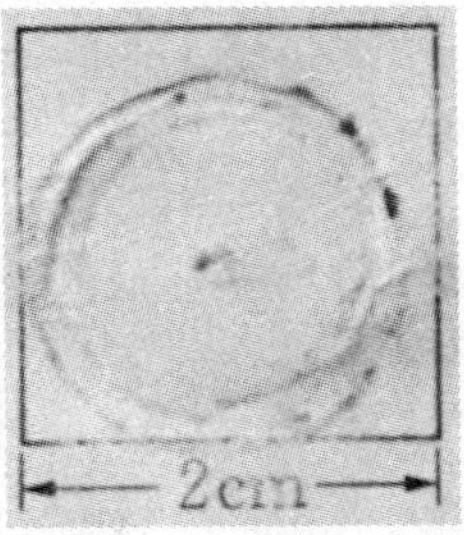


这是小玉的答案，看得出她经过了很长时间的思考，还是没有找到解题的方法，但是从擦痕中我们可以看出，她已经很努力了，不再像以前一样，还没思考就告诉组长自己不会了。

数学学习是一个需要思考的过程。小玉开始思考了，他们组的同学也在乎她的错误了，能将她的错误跟全班同学一起分享。小玉听得特别认真。

小楠第一个帮助小玉：“量出正方形一组对边的中点，连接这两点成一条线段，将这条线段作为圆的直径，再找出该线段的中点为圆心，用左边（或右边）的一半线段的长作为半径，画一个圆就可以了。”

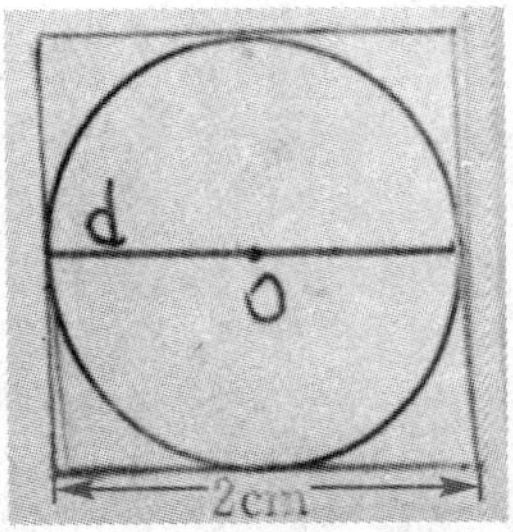

小宇认为："还可以更简单一些，画出正方形的两条对角线，两条对角线相交的点就是圆心，再用正方形边长的一半作为半径画圆，就可以了。"

小玉急忙将自己的错误订正过来：

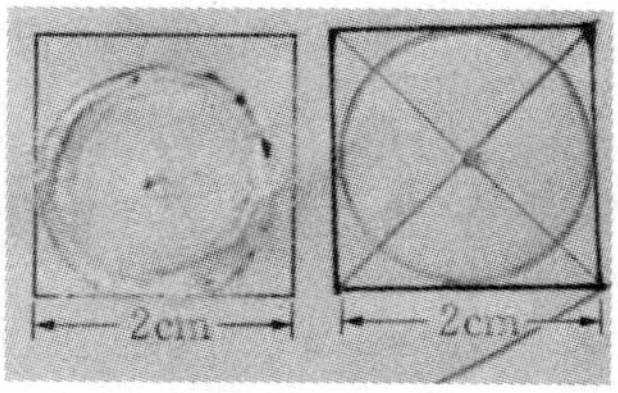


有了这道题作为学习的"引子"，学生的思路打开了。

小凯问："如何在长方形里画一个最大的圆呢？"

我据此寻找到练习中的一道题，让所有学生进行练习。

安安的做法：

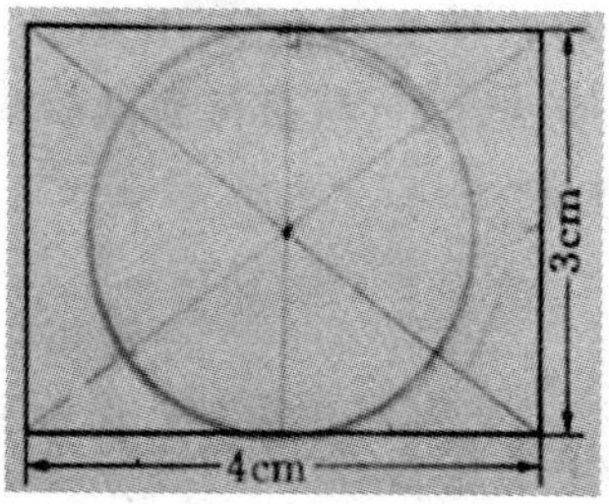


小依的做法：

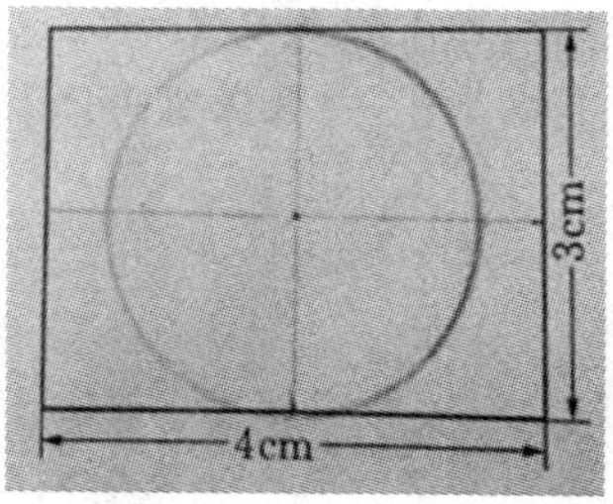


雯雯的做法：

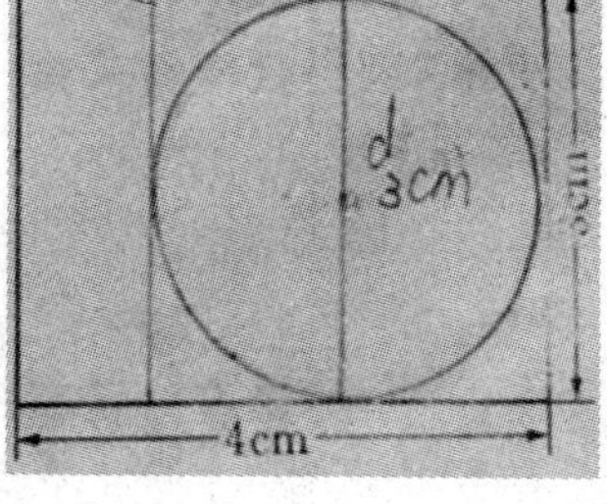

小忆认为：“除了像雯雯这样在长方形右边画正方形，再在正方形里画最大的圆外，还可以在长方形左边画正方形，再在正方形里画最大的圆。”

小颖提出：“如果这道题用长方形的长作为直径画圆，那就错了。”

洋洋指出：“最大的圆不止这两个呢，在一条直线上的点都可以做最大的圆的圆心。”

照照说：“我不同意，只有最大的圆的圆心在和长一样长的线段上画出来的圆才对。”

（他们的话，有些学生不太明白，我顺势用手比画帮助学生明白他们二人的对话。）

笑笑认为这样也不对：“最大的圆的圆心是在一条线段上，但是，圆心不可能在最左边和最右边，必须要注意半径的长度。”

小梅进行了总结：“其实，按照刚才小忆的方法，最大的圆的圆心应该在连接靠左正方形画圆和靠右正方形画圆时的这两个圆心之间的线段上。”

台下掌声一片，至此，我们得到了下面这幅图，这幅图就是在不断否定和完善中得到的。

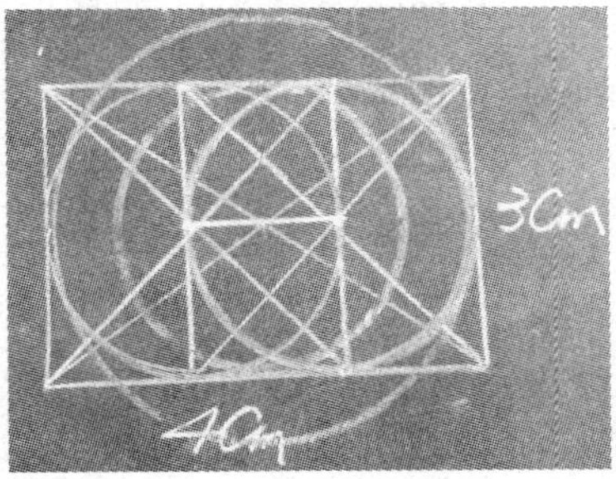


学生们都很兴奋，下课铃响了，大家还在讨论。这节课从一组错误资源的展示开始，由此引出了学生的激烈讨论。作为教师，就应该倾听学生、读懂学生，妙用课堂差错，成就学生的精彩，打造精彩的课堂。

## 错误亦是美丽

——“三角形”复习课教学片段及思考

在复习“三角形”这部分内容时，我将课堂真正交给了学生：先交流备学题，再组内相互校对、解决问题，随后提出问题，全班交流。

在全班交流时，拼搏队2号出示下题：

用5cm和10cm两种小棒围成等腰三角形，此三角形的周长是（　　）。

A. 20厘米　　B. 25厘米　　C. 20厘米或25厘米

他本以为自己的考虑比较全面，有两种可能：10cm、10cm和5cm，5cm、5cm和10cm，因此三角形的周长也就有两种可能，答案选C。

其实拼搏队的2号，是个优秀的学生，出现这样的状况，我有点儿意外，怎么会这样想呢，5cm、5cm和10cm三根小棒是无法围成一个三角形的啊。

没等我说话，高飞队4号便提出反对意见："我选答案B。"

虽然他的声音很低，有点儿不太自信，但是大家都用心倾听着他的意见："5cm、5cm和10cm三根小棒中，5cm和5cm加起来的长度是10cm，它们和10cm的小棒无法围成三角形。"

团结队3号认为："还可以这样判断，在三角形中，两边之和大于第三边，而这里两边之和等于第三边，所以不能围成三角形。"

顺利队1号说道："在解答这道题时，拼搏队只注意了'等腰三角形有两边相等'这一条件，并没有注意'两边之和大于第三边'这一条件。"

此时，我真为没有打断开始的"错误"而高兴，否则怎会有现在的精彩。在争辩、释疑中让"错误"悄悄"美丽"。瞧，高飞队4号多开心呀，他的进步可真不小，从开始的不完成作业，到课堂上积极地发表自己的意见，这期间需要多大的努力呀！

数学课上学生的错误，也是重要的学习资源。正因为出错，才会有点拨、引导、解惑。正像余文森教授所说的，在"出错"和"改错"的探究活动中，课堂才是活的，教学才是最美的。教学过程既是暴露学生各种疑问、困难、错误的过程，也是让学生发挥聪明才智、形成个性、展示创新成果的过程，因此，教师不仅要学会宽容学生的错误，还要利用学生的错误资源，引导学生学习。

## 顺势矫弯更妙

### ——"圆的认识"教学片段及思考

绿树课堂是生命课堂、生态课堂、生长课堂。课堂里应该有充足的阳光、丰沛的雨露、齐全的营养，幸福的绿儿快乐成长。

顾飞宇老师说，社会是大树，教育是绿儿；教育是大树，课程是绿儿；

课程是大树，学科是绿儿；学科是大树，课堂是绿儿；课堂是大树，情境是绿儿；情境是大树，思维是绿儿；思维是大树，知识是绿儿；知识是大树，信息是绿儿；教师是大树，学生是绿儿；学生是大树，读书是绿儿。教学是一片森林，教育将大地铺绿！绿树的比喻非常形象，把课堂的师生关系、学生与教育资源的关系、学与教的关系、思维与知识的关系、复习与新知的关系、构建与阅读的关系等用大树与绿儿的关系生动、准确地表达了出来。小学数学课堂犹如一个小小的混交林生态群落，教师与学生都是林中蓬勃生长的绿树，相互依赖、相互促进，共享生命。

我在教学实践中探索了“活动单导学——绿树课堂”。活动单是一缕阳光，一场雨露，一阵风暴，一次浸润；导学是林中大树在生态平衡中的作用；抗风、蓄水、固土、供肥，就是教师协同学生学习。在“活动单导学——绿树课堂”中，“教师协同”不仅在于教师要善于发现不同学生的特质，并为其提供恰如其分的引导、点拨，为他们营造适合他们生长的小生态，而且要善于让学生“和而不同”、互帮互学、思维共振，为他们创设一个共同成长的大生态，从而使每一个学生以及教师自己在原有基础上实现最大限度的发展。

学习了“圆的认识”这一内容后，学生已经知道了什么是圆的圆心、半径和直径，并能借助圆规画出指定大小的圆，还能用圆的相关知识解释一些日常生活现象。在备学题中有这样一道题：在下面的长方形（长 4cm，宽 3cm）里画一个最大的圆。下面是小娜的作业展示。

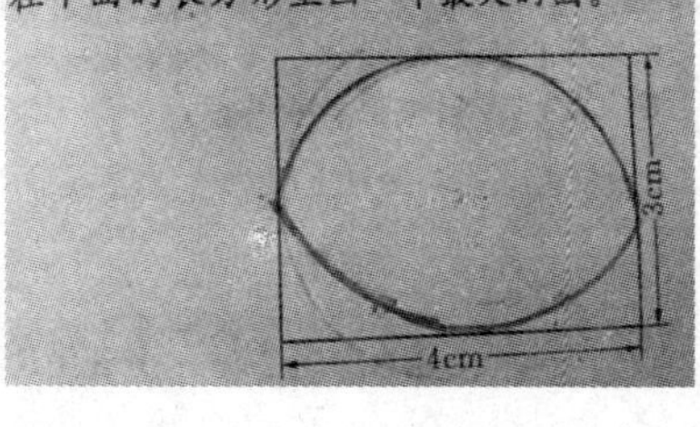


通过小娜的作业可以看出，小娜多次选择不同的圆心试图把圆画对，可见她经过了仔细的思考。她想把圆画得足够大，从图中可以看出她是用 4cm 作为直径，一部分一部分地画出了这个圆，但拼凑出来的这一图形并不是圆，不过也记录了小娜的思考过程。尽管是错误的作业展示，但也正是她的这一错误，促使其他学生的思维向更深、更远发展。

师：有时候，错误也会变成一道美丽的风景，谁能从这份错误的作业中看到"正确"?

生：其实，小娜找的最中间的那个点是对的。

生：可以将长方形的两条对角线的交点作为圆心，以长方形的宽的一半作为半径画圆。

生：以对角线的交点作为圆心，以长方形的长的一半作为半径会画出一个大圆，但是，这不是长方形里最大的圆，它已经超出了长方形的范围。

生：我明白了，小娜就是以长方形的长的一半做半径的，当她发现这样画的圆会超出长方形的范围之后，没有去调整半径的长度，而是试着改变圆心的位置以使画出的圆能在长方形内，所以，出现了好多小洞洞（圆心）。这样画出来的是长方形里最大的一个近似于圆的图形，但这不是圆！

生：其实将圆心固定，调整半径的长度就可以了。把半径的长度调整为宽的一半就行了。

师：那么长方形里最大的圆有多少个呢?

生：可以在长方形左边画一个最大的正方形，然后以宽的中点为圆心画这个正方形里最大的圆，这是最左边的一个圆。

生：不对，应该是以长方形的宽为边长的最左边的正方形的两条对角线的交点为圆心，这样画出来的才是最左边的圆。如果像你说的以宽的中点为圆心画圆，圆会画到长方形外面的。

生：对，是应该以两条对角线的交点为圆心。最右边的圆可以画在以长方形的宽为边长的最右边的正方形里。

生：仔细观察之后，我发现画出的最大的圆的圆心应该在这样一条线段上。(指图)

生：这条线段虽然看上去很短，但是却有无数个点，所以在长方形里，可以画出无数个这样的圆。(见下页图)

经过一番讨论，学生在错误中沿着正确的思考方向前行。学生在课堂中的表现，就如小绿树一样，在享受阳光、雨露的滋润后，蓬勃向上生长着，虽然难免有些旁逸斜出的小枝，但这些小枝也有"旁逸"的美丽、"斜出"

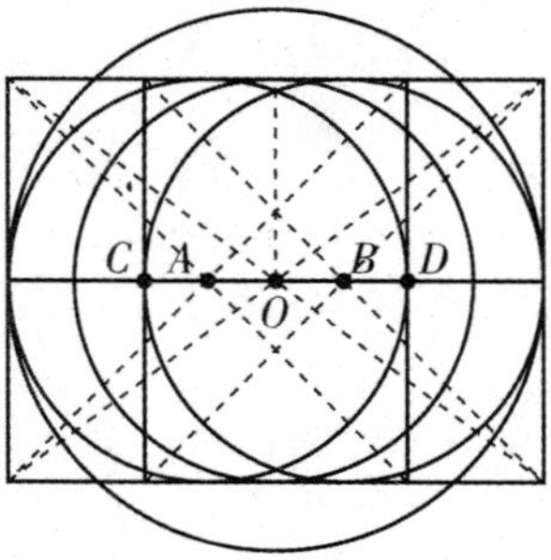


的精彩。在每一节数学课中，不同的学生会产生不同的“旁逸斜出”，关键是教师该以怎样的心态去面对这些“旁逸斜出”，用什么样的方式去“顺势矫弯”，让这些小绿树生长得更茁壮、更茂盛。

学生在学习过程中，能不断地从同伴的“旁逸斜出”中汲取经验进而不断成长。在课堂教学中，也许某一个学生的“旁逸斜出”会让我们偏离自己的教学设计，此时是继续执行教学设计，将学生的思维拉回来，还是将这些“旁逸斜出”看成课堂上的宝贵资源，进而“顺势矫弯”，引导学生的思维发展呢？我选择了后者。在这些精彩的“旁逸斜出”的常态生成中，学生通过交流、分享、辨析，会不断生长、发展。

最好的学习是在差错中学习！在该教学过程中，学生在思考中前行，在辨析中共进，在“旁逸斜出”中习得数学知识，并充分感受到数学的魅力与价值，培养了数学思考的能力。

“旁逸斜出”在常态生成中，成为学生思维的生长点；在自然生长中，成为学生思维发展的“催化剂”。作为教师，要巧妙地“顺势矫弯”，顺着学生的思路，从容地处理好每一个教学环节，充分展示出学生的思考过程、交流过程，进而促进学生的思维发展。学生在宽松和谐的氛围中，不断纠错、改错，进而获得成功的喜悦。

正如特级教师华应龙所说，正确的，可能只是模仿；错误的，却可能是在创新。以这样的心态来看待学生“旁逸斜出”的“错误”，“顺势矫弯”，挖掘“错误”背后的教育价值，才能使小绿树的生命更美。

## 以准备为基础

——"求一个数比另一个数多（少）百分之几"练习课教学片段及思考

上"求一个数比另一个数多（少）百分之几"的练习课之前，我设计了如下备学题。

1. 怎样解决百分数的实际问题？举例说明。

2. "求一个数是另一个数的百分之几"和"求一个数比另一个数多（少）百分之几"有什么异同？举例说明。

3. 提出三个关于百分数实际应用的问题。

以前很少设计练习课的备学题，这样设计我心里还真有点忐忑。针对第2题，有些学生用实例呈现这两种百分数应用题的异同，还有些学生对二者的异同进行了非常规范的总结。他们指出，二者的相同点在于都是比较两个量，都用除法计算；不同点在于后一种要先计算两个数的差，再用相差数除以单位"1"。事实上，这两个题目属同一类型，具有共同的计算模型，即比较量÷标准量（单位"1"）＝对应分率，虽然问题略有不同，但其实质相同。

上课伊始，我出示了这样一道题：全班有40人，男生占$\frac{5}{8}$，女生占$\frac{3}{8}$，男生比女生多几分之几？学生并没有接触过这类题，有点茫然，只有王同学兴冲冲地举手汇报"$(\frac{5}{8}-\frac{3}{8})\div\frac{3}{8}$"。其他学生马上反对："不对！$\frac{5}{8}$和$\frac{3}{8}$都不是具体的量，不能这样算。"但究竟该怎么做呢？大家还在思考。接着，余同学怯怯地说出了"$(\frac{5}{8}-\frac{3}{8})\times40$"。其他学生开始窃窃私语，有人同意也有人反对，但没有人举手回答。在我的鼓励下，任同学说："应该是$\frac{5}{8}-\frac{3}{8}$。"他一说出口，马上有人附和。我继续问道："为什么可以直接减呢？"颜同学喊道："因为它们本来就是分率！"其余学生恍然大悟。我问："余同学的算式表示什么呢？"学生答："表示男生比女生多的人数。"这时，有学生小声地问："王同学的算式表示什么呢？"我对学生坦言自己无法回答。王同学的解法能否看成男生比女生多的分率是女生分率的几分之几呢？

接着，回到常规问题，我让学生先计算该题中男女生的具体人数，然后自己提问。学生提出问题如下：男生是女生的几分之几？女生是男生的几分之几？男生比女生多几分之几？女生比男生少几分之几？因为有了具体量，学生解答起来比较容易。之后，我追问学生这两种题目的异同，学生总结得头头是道。这时，我想到一个问题："之前和现在都是计算男生比女生多几分之几，为什么结果不一样呢?"之前的算式是$\frac{5}{8}-\frac{3}{8}=\frac{1}{4}$，现在的算式是$(25-15)\div 15=\frac{2}{3}$。同样的问题为什么结果会不一样？学生沉默了。张同学说："单位'1'不一样。"说完就没了下文。教室里静悄悄的，连调皮鬼余同学都在思考。最后，孙同学说："因为之前是以全班人数为单位'1'，而现在是以女生人数为单位'1'。"这真是一语中的啊！我只是将临时想到的问题提了出来，事先并未进行周密的考虑，没想到会引起学生如此精彩的讨论和深入的思考。

## 也应循序渐进

——"小数除以小数"教学片段及思考

教学"小数除以小数"这一内容时，课前，我设计了如下备学题。

1. 列竖式计算 7.98÷4.2。

2. 怎么计算除数是小数的除法？

3. 提出三个关于小数除法的问题在小组内讨论。

教学时，我以备学题串联整节课，基本完成了教学任务，但从学生课堂练习的反馈情况来看，学生对这节课的知识点掌握得并不理想，有的学生不知道该怎么确定小数点，还有的学生在列竖式计算时没有将商的小数点与被除数的小数点对齐。为什么会出现这样的状况呢？从学生的课堂表现看，他们似乎已经掌握了小数除以小数的算法，究竟哪个环节出了问题？为了便于剖析，现将部分教学片段呈现出来。

师：我们先来交流第 1 题：列竖式计算 7.98÷4.2，谁来说说怎么计算？

生：我们抄的题目是 7.98÷42。

师：没关系，那我们就先来看 7.98÷42 怎么计算，这是我们原来学习的知识。

一生汇报竖式，教师板书：

```
     0.19
42 )7.98
    42
    378
    378
      0
```

师：这是我们以前学过的除数是整数的除法时。接下来，请大家列竖式计算 7.98÷4.2。

学生独立计算，并汇报算法，教师板书：

```
       1.9
4.2 )7.9.8
     42
     378
     378
       0
```

师：计算这道题时，你是怎么想的？

生：把 4.2 变成 42，7.98 变成 79.8，然后按照除数是整数的除法计算。

师：被除数和除数是怎样变化的？

生：被除数和除数同时扩大了 10 倍，商不变。

师：对，你很棒。

师：接下来，我们再来交流第 2 题：怎么计算除数是小数的除法？请小组交流，然后全班汇报。

生：先把除数变成整数再计算。

生：商的小数点要跟被除数的小数点对齐。

生：首先把除数转化成整数，除数的小数点向右移动几位，被除数的小数点也向右移动几位，然后按照除数是整数的除法计算。

师：同学们总结得真好！计算小数除法要注意两点：其一，要把除数先转化成整数，再按照除数是整数的除法计算；其二，商与被除数的小数点要对齐。

师：下面，我们来交流第 3 题：提出三个关于小数除法的问题。

生：除数是小数的除法与除数是整数的除法，有什么联系？

生：除数是小数的除法，要先把除数转化成整数，然后按除数是整数的除法计算就行。

生：小数除法与整数除法有什么相同点？

生：它们都要从高位算起，依次算下去，不够商1就要商0。计算方法基本是一样的，只不过小数除法多了小数点。

生：小数除法会有余数吗？如果有余数怎么办？

师：你提的问题非常好，小数除法也会有余数，等碰到有余数的情况时，我们再讲解。

生：计算除数是小数的除法时要注意什么？

生：要把除数转化成整数。

生：商和被除数的小数点要对齐。

师：对！计算除数是小数的除法时，先要将除数转化成整数，然后就可以按照除数是整数的除法计算了，但一定要注意商和被除数的小数点要对齐。看来，大家对小数除以小数的算理和方法都有了比较深入的理解，下面，我们开始练习。

……

特级教师俞正强认为，从教学这个角度讲，所有的理论都离不开孔子的两个观点，那就是因材施教和循序渐进。此观点虽有些笼统，却道出了教学的真谛。备学可以说是因材施教的基础，因为备学是为学生的学习做准备，它激活了学生的生活经验、知识经验和思维经验。备学为学生提供了自由思考的时间和空间，使学生呈现了丰富的资源，而学生呈现的资源又丰富了课堂生活，这也使学生真正成为课堂学习的建设者。但值得注意的是，要想使教学优质高效，备学也需要做到循序渐进。

所谓“温故而知新”，温故是备学，知新是学习。在该教学片段中，备学题第1题即为例题，在没有任何铺垫的基础上，就让学生尝试做例题，与预习无异。学生即使勉强算出了该题的结果，也并非很好地理解了算法。第1题可增加铺垫练习，如12.5÷0.25＝（　　）÷25，这样就能让学生熟悉将小数除数转化为整数除数的做法，为计算小数除法做好铺垫。备学后的教学，教师依然要遵循知识和技能的序，这样才能增强课堂教学的实效性。

任何数学结论的得出，都需要一定的例子，例子翔实了，才便于概括出一般规律。在该教学片段中，仅教学了一个小数除法的例子，就进入了第2题的交流中，让学生总结算法，这不符合概念的抽象规律，也有违学生的认知规律。课堂上，虽然有学生轻易总结出了算法，但这并不意味着全体学生都掌握了算理和算法。对于算理和算法，一些学优生能总结得十分准确，而中等生和学困生却还似懂非懂。当然，学生也提出了有价值的问题，而且基本都得到了准确的回答，但在这种单线交流中，又有多少学生获益呢？课堂表面的热闹，并不能掩盖学困生的困惑。应该让学生再做几道类似的笔算题，等学生理解了算理后，再引导学生概括小数除法的笔算方法会更好。备学之后，教师更要把握好概括和抽象的序，从特殊到一般，促使学生的思维得到发展。

在学为主导的课堂中，一切都要以学习活动的进展为导引。基于备学的小学数学教学，教师不仅要关注知识和技能的序，更要把握概括和抽象的序，这样的教学才能真正贴近学生，才可能达到因材施教、循序渐进的境界。

## 促进课堂生成

——"分数大小的比较"教学片段及思考

在基于备学的数学课堂中，学生会带来很多学习资源，这些学习资源，来自学生的最近发展区。学生的基础不同，所准备的资源也不同，所提的问题更是不同。有的问题在小组交流时，学生能够自主解决；有的问题，小组不能解决，这就需要组际之间的交流完善，需要教师适时的点拨、指导，这样能使问题由浅入深，让学生的思维向纵深处发展。

在学习"分数大小的比较"这一内容时，小雨队准备了这样一道题。

小芳身高$\frac{6}{5}$米，小明身高$\frac{7}{5}$米；小芳每天吃早饭要用$\frac{1}{4}$小时，小明每天吃早饭要用$\frac{1}{3}$小时。小芳和小明谁高？谁吃早饭用的时间短？

这道题比较简单，大家跃跃欲试。

佳琪队汇报：

$\frac{6}{5}$和$\frac{7}{5}$的比较是同分母分数的比较，分母相同，即它们的分数单位相同，那就看它们的分子，分子越大这个分数就越大，所以，小明比小芳高一些。

$\frac{1}{4}$和$\frac{1}{3}$的比较是同分子分数的比较，把单位“1”平均分的份数越多，表示这样的每一份就越少；分子相同时，看分母，分母越小这个分数越大；分母越大这个分数越小。所以，小芳吃早饭用的时间短。

旋翼队1号：如果分子、分母都不相同，如$\frac{4}{5}$和$\frac{3}{4}$，该如何比较呢？

旋翼队2号：把这两个分数进行一下转化就成了我们学过的知识，如将$\frac{4}{5}$和$\frac{3}{4}$进行通分，分别化成和原来分数相等的同分母分数后再进行比较。$\frac{4}{5}=\frac{16}{20}$，$\frac{3}{4}=\frac{15}{20}$，$\frac{16}{20}>\frac{15}{20}$，所以$\frac{4}{5}>\frac{3}{4}$。

拼搏队3号：也可以换一个角度思考，将它们分别化成和原来分数相等的同分子分数，$\frac{4}{5}=\frac{12}{15}$，$\frac{3}{4}=\frac{12}{16}$，$\frac{12}{15}>\frac{12}{16}$，所以$\frac{4}{5}>\frac{3}{4}$。

拼搏队2号：我来补充一下，还可以用另一种方法进行比较，$\frac{4}{5}$比1少$\frac{1}{5}$，$\frac{3}{4}$比1少$\frac{1}{4}$，可见$\frac{4}{5}$更接近1，所以$\frac{4}{5}>\frac{3}{4}$。

旋翼队4号：其实，这道题我们也可以将所有的分数转化成小数来比较。$\frac{4}{5}=0.8$，$\frac{3}{4}=0.75$，因为$0.8>0.75$，所以$\frac{4}{5}>\frac{3}{4}$。

此时，教师不能袖手旁观，应该适当地加一些“燃料”，让学生的思维向更深处发展。

师：还有其他的发现吗？

高飞队1号：在刚才旋翼队的发现中，有两种方法是所有题通用的，就是“通分比较”和“转化成小数比较”，而拼搏队2号的方法不是通用的，要刚好是分子比分母小1的情况，才可以用这种方法比较。另外，我们组还有一些发现，如$\frac{4}{5}$和$\frac{1}{4}$这一组分数，可以通过画图来比较，从图中能明显看出$\frac{4}{5}>\frac{1}{4}$；还可以用它们和$\frac{1}{2}$进行比较，$\frac{4}{5}>\frac{1}{2}$，$\frac{1}{4}<\frac{1}{2}$，所以$\frac{4}{5}>\frac{1}{4}$。

师：分数大小的比较有哪些方法呢？

小组再次合作交流，在交流中分享，并自由展示。

生：分母相同，分子大的那个分数就大，分子小的那个分数就小。

生：分子相同，分母小的那个分数就大，分母大的那个分数就小。

学生理解方法之后，用这样的数学语言来描述就比较容易了。

生：比较$\frac{4}{5}$和$\frac{1}{4}$这样的特殊分数，将它们分别和$\frac{1}{2}$进行比较就可以。

生：是的，这样比较方便。有些同学还不知道怎样和$\frac{1}{2}$比较吧，我来给大家介绍一下。$\frac{1}{2}$要化成分母为 5 的分数，应该是$\frac{2.5}{5}$，$\frac{4}{5}>\frac{2.5}{5}$，即$\frac{4}{5}>\frac{1}{2}$；$\frac{1}{2}$化成分母是 4 的分数，应该是$\frac{2}{4}$，$\frac{1}{4}<\frac{2}{4}$，即$\frac{1}{4}<\frac{1}{2}$，所以$\frac{4}{5}>\frac{1}{4}$。

生：比较$\frac{4}{5}$和$\frac{3}{4}$这样特殊的分子比分母小 1 的分数时，可以将它们与 1 进行比较，$\frac{4}{5}$比 1 少$\frac{1}{5}$，$\frac{3}{4}$比 1 少$\frac{1}{4}$，$\frac{4}{5}$更接近 1，所以$\frac{4}{5}>\frac{3}{4}$。

生：如果两个数不具备这些特殊性，就通过通分或转化成小数来比较大小。

这是学生最真实的由特殊到一般的发现过程，在这个教学片段中，学生自主发现问题、解决问题，花费的时间稍长了一些，但我并没有去打断学生，而是让学生充分发表见解，亲历知识的形成过程。在这样的课堂上，师生全身心投入，学生之间密切配合，教师只需要在恰当的时候进行必要的引导、补充即可。

在课堂上，教师要多给予师生、生生互动的机会，善于抓住课堂上每一次稍纵即逝的教学契机进行引导。引导学生形成一场场争辩、一次次讨论、一次次合作探究，让课堂真正成为学生思维的竞技场。这是基于备课的课堂所追求的最高境界。

## 别样风景之美

——“倍数、公倍数、最小公倍数”教学片段及思考

清晨，我迫不及待地打开学生的备学本，看到了学生的一些“发现”。

1. “公倍数”和“倍数”差不多，就多了一个“公”字。

2. 一个数的倍数有无限个，两个数的公倍数也有无限个，但最小公倍数只有一个。(如果有了数据范围，就是有限个)

3. 相邻两个自然数的最小公倍数是这两个数的乘积，如 2 和 3 的最小公倍数是 6。

4. 两个数的最小公倍数就是两个数的乘积。

依据学生的这些发现，我将原本的课题做了一些修改，形成了“倍数、公倍数、最小公倍数”这一教学内容。不管是学生备学中的正确结论，还是备学中的一些错误，都是课堂中的宝贵资源。

**情境中的“辨别”**

同学们玩拼摆游戏，用长 3 厘米、宽 2 厘米的长方形试着铺满正方形。正方形有两种：(1) 边长是 6 厘米的正方形；(2) 边长是 8 厘米的正方形。问：能够正好铺满哪一个正方形？

小贤：我认为用长 3 厘米、宽 2 厘米的长方形能正好铺满边长是 6 厘米的正方形。

秋景：我知道为什么，因为正方形的面积是 6×6＝36 (平方厘米)，长方形的面积是 2×3＝6 (平方厘米)，36÷6＝6，所以可以铺满。

芸芸：我赞同她的观点。比如，边长是 8 厘米的正方形的面积是 8×8＝64 (平方厘米)，长方形的面积是 2×3＝6 (平方厘米)，64÷6 不能刚好除尽，有多余的部分，所以不能正好铺满。

不少学生认同这种观点。

师：老师觉得有同学有其他想法，是害羞不好意思说吗？

小琪：我是这样想的，6 是 3 的倍数，6 也是 2 的倍数，所以长 3 厘米、宽 2 厘米的长方形能够正好铺满边长是 6 厘米的正方形。

师：说得好，6 是 3 的倍数，6 也是 2 的倍数，那这个“6”可以说成——

小琪：2 和 3 的公倍数。

小捷：6 是 2 和 3 的最小公倍数。这个“公”是两个数“公有”的意思。在备学中我提出“公倍数”和“倍数”只有一字之差，差不多，现在看来有很大差别。

洋洋：还可以是三个数的公倍数，比如，12 既是 2 的倍数，又是 3 的倍数，也是 4 的倍数，所以 12 是它们三个的公倍数。

聪聪：不管是两个数，还是三个数，只要是几个数公有的倍数，这个数就是它们的公倍数。

小捷：如果只是一个自然数的倍数，我们只能说是它的“倍数”，只有是两个或两个以上自然数的倍数才可以说是它们的“公倍数”。

将结论生硬地“塞”给学生，不如在这样愉快的情境中，通过谈心的方式让学生加深对数学知识的理解，让学生领略到课堂与生活“近在咫尺”。

**行进中的“辨析”**

面对刚刚生成的新知，“2 和 3 的最小公倍数是 6”，圣杰的结论是两个数的最小公倍数是这两个数的乘积。这一结论立刻引发了大家的讨论。

佳伟：大家找找 2 和 8 的最小公倍数，就可以证明圣杰的发现是有问题的了。

桐桐：2 和 8 的最小公倍数就是 8，而不是 16。但是圣杰的发现对有些题是适用的。比如，3 和 7 的最小公倍数是 21，2 和 9 的最小公倍数是 18。

楠楠：求 2 和 8 这组数的最小公倍数，咱们不用费劲，就可以直接看出来。

师：怎么不用费劲，可以解释一下吗？

楠楠：找两个自然数的最小公倍数，按照一般方法是用一一列举法，一个数的倍数是无限的，我们可以先找出两个自然数前面的几个倍数，然后找出它们的倍数中相同的数，就是它们的公倍数了，其中最小的一个就是它们的最小公倍数。但这里不需要，8 的最小倍数是 8，8 也是 2 的倍数，那么 2 和 8 的最小公倍数就是 8。

鹏飞：也就是成倍数关系的两个自然数的最小公倍数是其中较大的那个自然数。

烨：我们可以举几个这样的例子。3 和 9 的最小公倍数是 9，4 和 16 的最小公倍数是 16……

（至此，学生能够轻松找出倍数关系的一组自然数的最小公倍数了。）

师：咱们再看看“3 和 7”“2 和 9”这两组数中的数有什么关系。

肖斌：它们好像没有什么关系。

师：那就是“没有关系的关系”。

子涵：它们都是质数。

小凡：2 是质数、9 是合数。我觉得与是质数还是合数并没有多大关系。但是它们有且只有一个共同的因数“1”，我觉得这样的两个数的最小公倍数可以是它们的乘积。

立文：比如，4 和 9 的最小公倍数就是它们的乘积。

教材中概念和描述性的语言较少，数与数之间的一些关系只能由学生自己去探究并说出，教师进行适时的点拨。在教学中，教师要充分尊重学生的经验，适时调整课堂教学，以使学生在快乐中收获。

这节课内容相对来说比较枯燥。但是，备学之后，不管学生展示的资源正确与否，都受到了大家的关注，枯燥的数学问题成了点燃学生智慧火花的原料。

从不同的声音里，学生获得了数学知识，虽然过程有些坎坷，但是知识在不断坚持、辨析中逐渐清晰了。自然灵动也好，智慧思考也罢，在获得知识的旅途中，沿途的风景是很重要的。

## 焕发生命活力

——“质数和合数”复习课教学片段及思考

黎明的曙光渐渐揭去夜幕的面纱，伴着灿烂的朝霞、温柔的晨风，学生陆续走进校园。校园内三五成群的学生饶有兴趣地交流着昨晚的备学作业，到处弥漫着和谐温馨的气息。空气格外清新，一阵阵花香扑鼻而来，让人感到心旷神怡。

看着美丽的校园、可爱的学生，我快步走进办公室，迅速打开我的课堂博客，整个学段的教学计划、一个学期的进度安排、每个单元的备学资料……我迅速浏览，翻到备学作业栏，看着学生们一个个富有个性的问题、充满智慧的解答，心中无比惬意。自从市教研室推出网上备学作业计划后，学生们都轻松多了，快乐多了。今天的第一节课就是数学课，不知道学生的备学作业完成得可好？我快速打开昨天学生的备学作业，就他们提出的问题，调整教学设计与引导方案……

不知不觉到了上课时间，这节课我们复习"质数和合数"的内容。生命的成长是不间断的，我与学生一同走进课堂，一起踏上了愉快的学习之旅。

扬帆队首先进行展示，带着全班一起分享昨日的备学成果：关于数，我们以前学过哪些概念？

1. 什么样的数是偶数？什么样的数是奇数？

彬彬：偶数就是双数，奇数就是单数。

杰杰：我认为通过这个单元的学习，我们的语言表述应该更准确、清晰一点儿，是 2 的倍数的数叫作偶数，不是 2 的倍数的数叫作奇数。

龙龙：按照是否是 2 的倍数可以将自然数分为偶数和奇数。

辉辉：自然数还可以按照其因数的个数来分类，分为质数和合数。（展示了从网上下载的有关质数和合数的资料）

凡凡：不对，这样分类不准确，按照因数的个数分，自然数应该分为三类：有且只有一个因数的，有且只有两个因数的，至少有三个因数的。

团结队 4 号：1 只有一个因数，质数只有 1 和它本身两个因数，合数至少有三个因数。

2. 分一分：把自然数按不同的标准分类。

按是不是 2 的倍数分　　　　　　按因数的个数分

自然数：(　　　　)　　　　　　自然数：(　　　　)

通过讨论，学生对自然数的分类方法有了比较清晰的认识。

3. 任意三个连续自然数的和都是 3 的倍数吗？任意三个连续奇数或偶数的和呢？

学生从最简单的 1，2，3 开始举例：1，2，3；2，3，4；3，4，5……它们的和都是 3 的倍数，所以任意三个连续自然数的和都是 3 的倍数。后面探讨任意三个连续奇数和任意三个连续偶数的和是否是 3 的倍数时，大家也是通过举例来说明的。

伟伟：拿12，13，14三个自然数来看，12是3的倍数，13除以3等于4余1，也就是3的4倍多1，14除以3等于4余2，也就是3的4倍多2，计算和时，多的1和2加起来等于3，所以三个数之和刚好是3的倍数。

师：你真爱动脑筋，怪不得大家送你“数学王子”的称号。

（注：为了方便，此处在研究质数和合数时，我们所说的自然数不包含“0”。）

有了学生备学成果的分享，有了学生之间的相互倾听、质疑与挑战，课堂成了开放、自主的空间。在这样的课堂上，学生会产生很多疑问，进而引发不同的思考；在这样的课堂上，学生能主动与同学交流自己的学习所得。

上完这节课，静坐办公室总结自己在该课教学中的得与失，回想课堂教学的亮点、学生发言的亮点，我感到充实、快乐与幸福。

著名教育家叶澜指出，教学方式要体现生命的层次，要用动态的观念，重新全面地认识课堂教学，这样才能让课堂焕发出生命的活力，而基于备学的课堂能真正焕发出生命的活力。

下班回到家，打开电脑，看到“班级备学群”在闪烁，那或许是学生要将他的学习心得与我交流，也或许是他们又在备学中出现了些许困惑，于是我赶紧打开群组，一一浏览……

## 让学生多出彩

### ——“方程”复习课教学片段及思考

曾看到这样一句话：“学生的精彩比教师的精彩更重要。”乍读此言，颇受震撼。一直以来，人们更关注教师的教，而忽视学生的学。打磨一节课，往往需要经过精心预设、反复推敲，最终使教学环节和教师语言都趋于精致，一切进程都在教师的掌控之中。只要在课堂中教师能完美地演绎教案，学生能很好地配合，这样的课就被视为好课。试想，当教师只关注自己的精彩时，将学生置于何处？学生是合作者，还是陪演者？答案不言而喻。如果教师过分关心自己的教，必然兼顾不到学生的学，也就很难调动学生的主动性和能动性。课堂必须成为师生共同的舞台，才能收到预期的效果。随着备学实践的深入开展，我越来越意识到：备学之后，学生的展示尤为重要。

在复习"方程"这一内容前，我让学生围绕以下问题备学。

1. 本单元学习了哪些知识，它们有怎样的联系？请画出思维导图。

2. 提出三个关于等式和方程的问题在小组内讨论。

3. 写出有关列方程解应用题的疑问。

课前，我查看了学生的备学作业，大多数学生都画出了本单元的知识结构图，只是有的知识结构图完整一些，有的知识结构图比较简单、片面。学生也提了一些问题，但高质量的问题并不多。上课前，我一直在思考，怎样让学生展示备学成果，如果仅仅停留在组内交流，而没有让学生经历提炼和分享的过程，这样的课堂显然是低效的。于是，我进行了下面的安排。

课始，学生先小组交流备学情况，并认真思考组员提出的问题，不能解决的问题，可提出来全班共同讨论。我鼓励各组提炼出有价值的发现和问题，与全班同学分享。在展示思维导图时，学生跃跃欲试，于是我鼓励他们将自己的思维导图画在黑板上。每组同学都画出了单元知识的脉络，只是侧重点不同。其中一组的思维导图格外完整、清晰（见下图）。

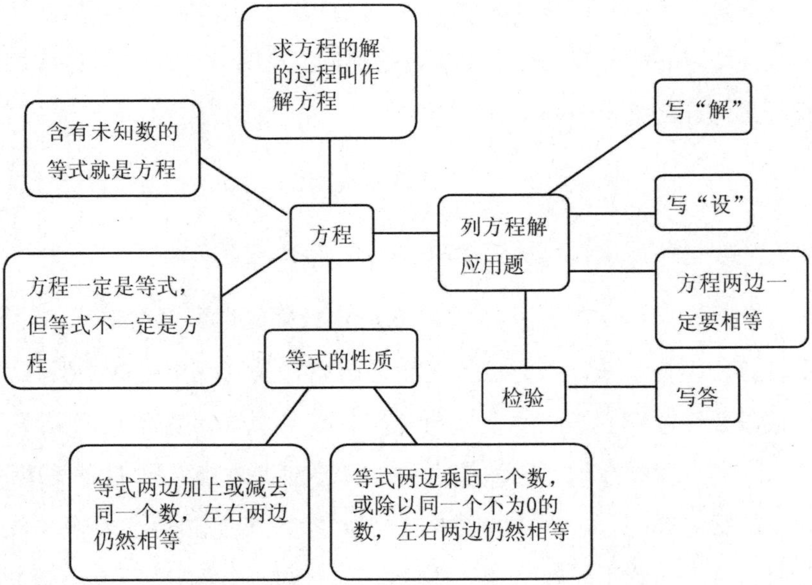

该组的任同学根据思维导图，向全班同学介绍了本单元的知识体系，从方程的概念、等式的性质，以及二者的关系，再到解方程的概念和列方程解应用题的步骤，每一个知识点都讲解得很清晰、具体。对重点环节，我予以强调，以引起学生的重视。经过这样的整理，相信学生头脑中一定形成了一个有关方程的知识网络。复习课，最重要的就是让学生经历将知识结构化的过程，而画思维导图无疑是一个绝佳的方式。任同学介绍得很清晰，只是讲解得较快，其他学生似乎兴趣不大。难道这种展示形式有什么问题？是缺少互动，还是其他原因？

接着，反馈第 2 题。王同学问：“方程一定是等式吗？等式一定是方程吗？”听了这个问题，大多数学生都不屑一顾，有人回答道：“当然是啊，方程是一种特殊的等式，等式中只有一部分是方程。”于是，我画了方程和等式的集合图，并再次强调了二者的关系。卢同学问：“为什么当未知数是除数或减数时，不能用等式的性质来解方程？”这个问题很有价值，但我并未在此花费过多时间，只是说：“当未知数是除数或减数时，也能用等式的性质解答，但过程比较复杂，以后碰到这类问题，我们再研究。”

反馈第 3 题时，徐同学问：“列方程解应用题为什么要写‘解’、写‘设’？”略作思考后肖同学说：“写‘解’只要告诉别人，我们开始解题了，写‘设’是要告诉别人，我们把什么看作未知数。”讲解得多合理！接着，张同学又问：“列方程解应用题要注意什么？”学生在不断地补充中，意识到以下几点：列方程解应用题一定要写“解”和“设”，要根据数量关系列方程，求出解后要进行检验，最后要写答。

至此，关于方程这一内容的整理与复习告一段落。在反馈第 3、4 题时，学优生很积极，参与度也很高。但仔细观察不难发现，还有一部分学生并没有参与其中。这是为什么呢？这样的展示和交流究竟出了什么问题？怎样才能调动大家的兴趣？课后，我陷入了沉思。

在组内交流时，虽然我一再强调，要以小组为单位提炼有价值的观点和问题，但他们是怎样做的呢？这里是否少了一个媒介呢？也许我应该给每组提供一张发现单和一张问题单，让学生把发现和问题及时记录下来，然后以小组为单位来交流、展示，其他组补充、矫正。此外，表扬和激励也要以小组为单位，让小组成员关注自己组的荣辱，树立为小组争光的信念，这样也许能调动更多学生的积极性、自主性和能动性。

备学之后，学生有了一定的经验积累和思维准备，这时，教师更应该为学生搭建展示的平台。但这种展示要讲究方式方法，不能将其演变为学生个体的演示秀。真正有效的展示，一定是将个体和群体相融合的，一定能更多地呈现群体的观点。备学后的展示环节，需要教师反复斟酌，多给学生提供展示的机会，因为学生的精彩比教师的精彩更重要。

## 被学生牵着走

——“图形覆盖规律”复习课教学片段及思考

在复习“图形覆盖规律”这一内容时，我为学生提供了下面的题目。

小明一家去看电影，妈妈坐左边，爸爸坐右边，小明坐中间，如下图，共有多少种不同的坐法？

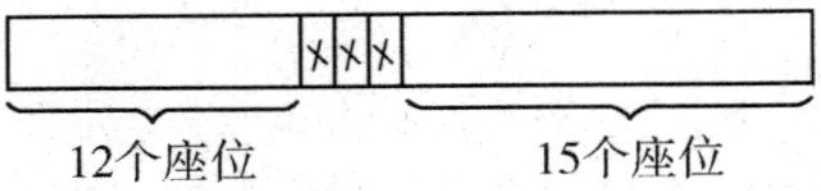


因为有了之前的经验，学生都知道要左右两边分开考虑，左边有 12－(3－1)＝10（种），右边有 15－（3－1）＝13（种），一共有 10＋13＝23（种）。

接着，我追问：“如果有 27 个位置是环形的，小明一家还是这样坐，一共有多少种坐法呢？”学生很快就得出了“27 种”。

我继续问道：“如果是 5 个人按固定的格局排座位呢？”学生思考后发现答案还是 27。

我再追问：“如果是 10 个人按固定的格局排座位，又有多少种排法呢？”有学生大声说道：“还是 27 种！”还有学生说：“不管几个人，都是 27 种！”这时，张同学说：“如果是 27 个人，就只有一种了。”他话音刚落，就有人反对。肖同学说：“还是有 27 种，因为第一个人可以坐在 1 号座位，也可以坐在 2 号座位，依此类推，27 个座位他都可以坐。”大家都赞同肖同学的说法。

这时，小毅说道：“如果中间有座位不能坐，怎么办？”我听了，眼前一亮，是啊，如果有阻断，又会怎样呢？我立刻在黑板上画了草图（见下页图）。

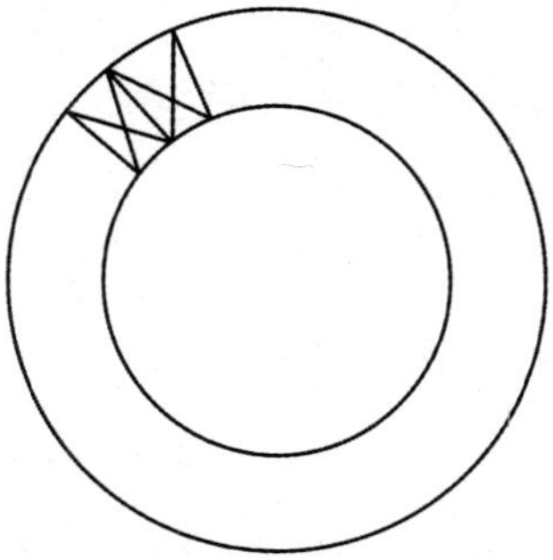

如果 27 个座位中有 2 个座位已经被人坐了，那么，小明一家还是这样坐的话，共有多少种坐法呢？学生纷纷动手计算，不一会儿，便有学生汇报道："25－（3－1）＝23（种）。"

我追问："现在也是在环形中，为什么不是 25 种呢？"学生说："因为中间被隔开了，这样就相当于把两边拉直了，所以要这样算。"说得多好呀，阻断后的环形座位又可以看成直线式的了。这样的题目，我从未想到过，谁说"弟子不如师"呀。

更令人惊喜的还在后面。正当我想进行新课时，小毅突然问道："如果在环形的两边分别有 1 个座位被人坐了呢？"我一愣，马上意识到这又是一个很好的教学资源，于是再次画出草图（见下图）。

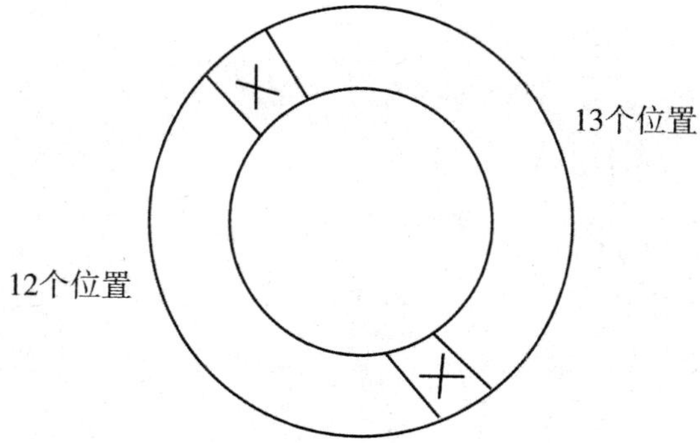


这时，又变成了直线问题，学生很快便列出了算式：12－（3－1）＝10（种），13－（3－1）＝11（种），10＋11＝21（种）。

这一过程并没有丝毫雕琢，也不是刻意而为之，虽然只是一个复习环节，但学生却显示出了极强的思维能力。

这只是教学中的一个环节，我原本只想强调直线中的阻隔情况，并让学生熟悉环形图中的覆盖情况。未曾想，小毅的几句话，却将学生引向环形中的阻隔情况，使学生认识到当环形中有阻隔时，考虑问题又与直线一致了。这样的题目既使学生将知识进行了融会贯通，又培养了学生思维的灵活性。

这使我意识到，有目的的备学活动，固然是促使学生提供教学资源的重要方式，但也不能忽视课堂上学生的生成，这也是教学的宝贵资源。面对学生突如其来的想法，教师要尊重，要学会倾听，并接纳、利用这些资源。学生的思维虽然没有成人那么缜密，但他们思维的开放性和灵活性绝不亚于成人。只是，面对学生的观点，我们是否做好了接纳的准备？是否愿意去倾听、理解，甚至利用这些资源引导学生学习？

顺应学情展开教学，绝不应该只是一句口号。只要我们愿意为学生创造机会，学生提供的资源并不会比教师的逊色，有时他们的困惑或疑问甚至会成为教学最好的切入点，进而突破重点和难点。所以教师要做到以学定教，顺学而展，以促进学生的自主学习，使课堂教学更高效。

## "教""学"互相依存

——"奇妙的图形密铺"教学片段及思考

教学"奇妙的图形密铺"这一内容时，事先，我引导学生完成如下备学题。

1. 许多相同的图形，可以不留缝、不重叠地拼成一个大图形，这样的例子生活中有许多，请举出三个。

2. 在你举的例子中，小图形分别是什么图形（可不要一样哟），想一想在几个小图形交接的地方，有什么特点？

3. 通过以上实践，你发现了哪三个值得探究的问题？可以把书后的平面图形剪下来备用。

上课伊始，我先组织学生小组讨论，让他们以小组为单位提炼出有价值的发现和问题。之后，我并没有让学生按备学题的顺序一一进行反馈，因为我深知，备学思路并不是教学思路。讨论之后，我直接问学生："关于密铺，你已经知道了什么？"这是一个开放性的问题，给学生提供了较大的思维空间。这个问题能让我了解学生已有的知识基础，便于顺学而展。

肖同学说："无论什么形状的图形，如果能既无空隙，又不重叠地铺在平面上，这种铺法就叫作密铺。"显然，他已经知道了密铺的概念。我顺势板书：无空隙、不重叠。

颜同学说："在拼接点处，能密铺的几个图形的内角拼接在一起时其和为 360 度。"他居然知道这一点！我惊喜地说："你已经联想到了角，真了不起！一会儿我们要一起研究这个问题。"

陆同学说："三角形、等腰梯形、平行四边形能够密铺，正五边形不能密铺。"我说："对于这些结论，我们待会要通过摆图形来验证。"

谢同学说："圆也不能密铺。"谢同学是学困生，经过备学，也能主动回答问题了，这让我很惊喜。

我点拨道："刚才大家都提到了几种平面图形的密铺情况，三角形、等腰梯形、平行四边形、正五边形、正六边形到底能否密铺呢？请大家选几个图形进行验证。"学生拿出事先准备好的图形，进行拼摆、验证。

我再次追问："为什么三角形、等腰梯形、平行四边形、正六边形能够密铺，而圆和正五边形不能密铺呢？"这一问题旨在引导学生观察图形拼接点处的角的度数，这样不仅能使学生知其然，也能使学生知其所以然。通过观察，学生清晰地看到三角形、等腰梯形、平行四边形、正六边形在拼接点处的内角拼接在一起时和为 360 度，所以能密铺，而圆和正五边形在拼接点处的内角拼接在一起不是 360 度，所以不能密铺。

我继续出示正八边形、正九边形、正十边形，追问："这些图形能密铺吗？"学生通过思考认识到密铺与图形的角度有关，当拼接点处的内角拼接在一起和是 360 度时，能密铺，反之，则不能密铺。

研究了密铺的特征后，我鼓励学生继续举出密铺的例子，当然，我也补充了一些教学资源，如地砖、墙砖、俄罗斯方块，以及各种装饰等，学生面对奇特而美丽的图片，都惊讶不已。有了这样的基础，学生自行设计密铺图形时，想象力特别丰富，有些学生设计的作品甚至有点像艺术品。

对密铺知识的探索，如果仅仅停留于此，那也是有缺憾的。学生对密铺真正理解了吗？他们还存在哪些困惑？课堂上，提问环节是不可或缺的，教师的教要顺学生的疑而展开。

卢同学问道："一般的三角形和梯形能密铺吗？"之前，因学生拼摆的都是正三角形和等腰梯形，学生有疑问也在情理之中。我鼓励学生大胆发言，有学生肯定地说："一般的三角形和梯形也能密铺，因为它们的内角和是180度和360度。"因为并没有准备一般三角形和梯形，于是我鼓励学生课后自己去验证。

肖同学问："两种图形能密铺吗？"因为有了刚才的视觉冲击，学生马上给出了肯定的回答。郭同学问："密铺时，图形的边能否是弯的呢？"学生凭直觉认为是可以的，甚至有学生举出了例子。这个问题打破了学生的思维定式，使他们认识到任何图形只要能无空隙、不重叠地铺在平面上，就是密铺。张同学问："不能密铺的图形能让它变成可以密铺的吗？"这个问题真有意思，因为有了刚才的基础，马上有学生说："可以跟其他图形一起拼接！"这个问题再次凸显了密铺的特征。郭同学问："密铺与图形的角的度数有关吗？与图形的边长有关吗？"这个问题特别有价值，之前，学生通过讨论已经知道了密铺与角的度数有关。那么，与边长是否有关呢？学生一致认为是有关系的，至于原因，我鼓励学生课后思考。

在教学"奇妙的图形密铺"这一内容中，正因为"教"顺应了"学"，才使学生在畅谈已有认识的基础上，构建了关于图形密铺的知识网络。

## 有准备地建模

### ——"分数的意义"教学片段及思考

一位教师执教"分数的意义"这一内容时，课前设计了如下备学题。

1. 关于分数，你已经知道了什么？（至少写出三点）

2. 用分数表示图中涂色的部分，并写出每幅图中分数的具体含义。

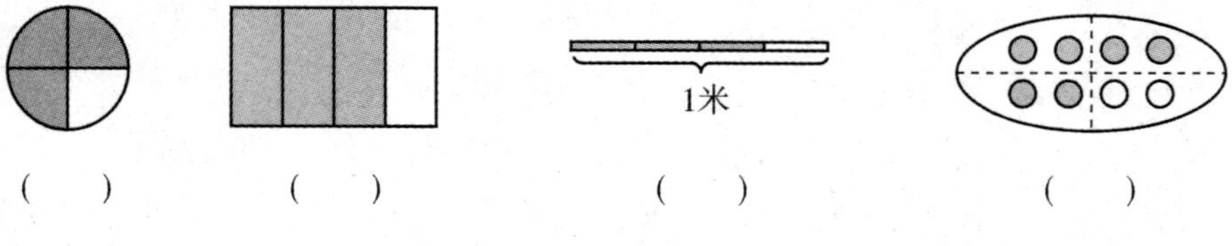


（　）　　（　）　　（　）　　（　）

3. 请提出三个关于分数的问题在小组内讨论。

上课伊始，学生汇报了自己关于分数的认识，回顾了分数各部分的名称，并说了各部分的含义。显然，学生对分数并不陌生，在备学中，有些学生还写出了一些即将学习的内容。

随着对第2题的交流，新知学习也逐渐展开。学生先汇报了四幅图的意义，具体如下。

（1）$\frac{3}{4}$是把一个圆平均分成4份，表示这样的3份。

（2）$\frac{3}{4}$是把一张长方形纸平均分成4份，表示这样的3份。

（3）$\frac{3}{4}$是把1米平均分成4份，表示这样的3份。

（4）$\frac{3}{4}$是把8个圆平均分成4份，表示这样的3份。

在学生汇报的同时，教师促使学生明确：可以把一个物体平均分，也可以把一个计数单位平均分，还可以把由许多物体组成的一个整体平均分。

交流完第2题后，教师并未就此作罢，而是追问道："$\frac{3}{4}$还可以表示什么呢？同桌之间说一说。"有学生说："把一块豆腐平均分成4份，表示这样的3份。"有学生说："把8根筷子平均分成4份，表示这样的3份。"还有学生说："把1厘米平均分成4份，表示这样的3份。"教师问："像这样的例子，可以有多少个?"学生齐答："无数个!"教师继续问："你可以用一句话概括这些例子吗?"有学生回答道："把单位'1'平均分成4份，表示这样的3份。"学生居然已经知道了单位"1"。于是，教师顺势介绍了单位"1"的意义——单位"1"的内涵非常丰富，它可以表示一个物体、一个计量单位，以及由许多物体组成的一个整体。至此，教师引导学生抽象出了$\frac{3}{4}$的模型。在数学教学中，教师需要引导学生经历这样一个由繁趋简的过程，这个过程便是建模的过程。

构建了$\frac{3}{4}$的模型后，教师继续问："$\frac{3}{(\quad)}$可能指哪些分数呢?"学生说：

"可能是$\frac{3}{4}$，$\frac{3}{5}$，$\frac{3}{6}$……"教师追问："$\frac{3}{(\ )}$表示什么呢?"有学生说："$\frac{3}{(\ )}$是把单位'1'平均分成几份，表示这样的3份。"还有学生说："几份就是若干份。"

教师又问："$\frac{(\ )}{4}$又表示什么呢?"学生说："$\frac{(\ )}{4}$是把单位'1'平均分成4份，表示这样的几份。"

教师接着追问："$\frac{(\ )}{(\ )}$表示什么呢?"学生回答道："把单位'1'平均分成若干份，表示这样的几份。"至此，分数的意义就揭示出来了。事实上，分数本就是一个模型，其意义的揭示过程，就是模型建立的过程。

史宁中教授指出，数学的三种基本思想为抽象、推理、模型。建模，对数学学习来说非常重要。事实上，建模并不高深，如1+2=3就是一个模型，在教学过程中，教师要有意识地引导学生经历数学知识的抽象过程和建模过程。

本课教学前，学生在备学中已经重温了$\frac{3}{4}$的含义，这为学生认识分数的意义奠定了基础。教师在学生备学的基础上，数次追问，通过不同的例子，引导学生认识了$\frac{3}{4}$的丰富内涵，这一过程拓展了学生对$\frac{3}{4}$的认识，$\frac{3}{4}$这一模型的建立，对学生整体把握分数的意义有极大地促进作用。在此基础上，教师引导学生说出$\frac{3}{4}$，$\frac{3}{(\ )}$，$\frac{(\ )}{4}$，$\frac{(\ )}{(\ )}$的意义，从$\frac{3}{4}$到$\frac{3}{(\ )}$，再到$\frac{(\ )}{4}$，最后到$\frac{(\ )}{(\ )}$，随着模型的不断抽象化，学生顺利概括出了分数的意义。

课前设计备学题能激活学生的生活经验、知识经验和思维经验，使学生有准备地走进教室。经过备学，学生对学习有了一定准备，课堂上教师就可根据备学思路展开教学。但备学之后的拓展提升是不容忽视的，如果教学只停留在备学问题的交流与展示上，则是对教师指导作用的忽视，教学会流于浅薄。在备学后的课堂上，教师要积极发挥引导作用，在关键处进行必要的拓展提升。如学生达不到某种探究高度时，教师要进行适当的引导和提升。

课堂是师生协同发挥作用的场所，教师的教要依赖于学生的学，这样才能更贴近学生的实际；而学生的学也要依赖于教师的教，这样才能实现深度学习。教学相长，就是要寻求教和学之间的平衡点，当学处于困境时，教要积极发挥作用；当教过于死板时，学要极力凸显优势。在基于备学的课堂教学中，教师需要考虑的是如何在备学的基础上进行适度的拓展提升，以上的课例只是粗浅的尝试，仍需要不断改进。

## 构建思维模块

——“分数除法”教学片段及思考

教学“分数除法”这一内容时，我设计了以下备学题。

1. 设计两道一步计算的整数除法应用题。

2. 将题目中的一个数（或两个数）改为分数，试着算一算，并说明理由。

3. 写出三个关于分数除法的发现，并提出三个相关问题。

以下是学生设计的部分整数除法应用题。

1. 一块正方形木板的周长是 8 米，它的边长是多少米？

2. 一台榨油机 4 小时榨油 2 吨，平均每小时榨油多少吨？

3. 有 6 升果汁，每个人分 2 升，可以分给几个人？

我让学生列出算式后，又让学生说了理由，这样便于学生理解除法的含义。

接着，我让学生将题目改为分数除法应用题。

1. 一块正方形木板的周长是$\frac{2}{5}$米，它的边长是多少米？

2. 一台榨油机$\frac{1}{2}$小时榨油$\frac{2}{3}$吨，平均每小时榨油多少吨？

3. 有$\frac{8}{9}$升果汁，每个人分$\frac{2}{9}$升，可以分给几个人？

改为分数应用题后，让学生分别列式，并试着算一算，然后说明理由。学生列出第 1 题的算式是$\frac{2}{5}\div 4=\frac{2}{5}\times\frac{1}{4}=\frac{1}{10}$，理由是$\frac{2}{5}$除以 4 就是将$\frac{2}{5}$平均分成 4 份，求每份是多少，也就是求$\frac{2}{5}$的$\frac{1}{4}$是多少。

关于第 2 题，学生想到了两种算法：$\frac{2}{3}\div\frac{1}{2}=\frac{2}{3}\times2=\frac{4}{3}$；$\frac{2}{3}\div\frac{1}{2}=\frac{2}{3}\div(1\div2)=\frac{2}{3}\div1\times2=\frac{2}{3}\times2=\frac{4}{3}$。我又引导学生用画图法和利用商不变的规律把除数变为 1 这两种方法解该题。

事实上，就分数除法而言，计算方法是简单的，难点是理解一个数除以一个分数的算理。怎样让学生更好地理解其算理呢？分数除以整数的算理比较容易解释，分数除以分数的算理就比较难解释了，我一直在思考如何向学生解释分数除以分数的算理。

在一次研讨中，单老师举了这样一个例子：小红的妈妈$\frac{2}{3}$小时行了 4 千米路，平均每小时行多少千米？

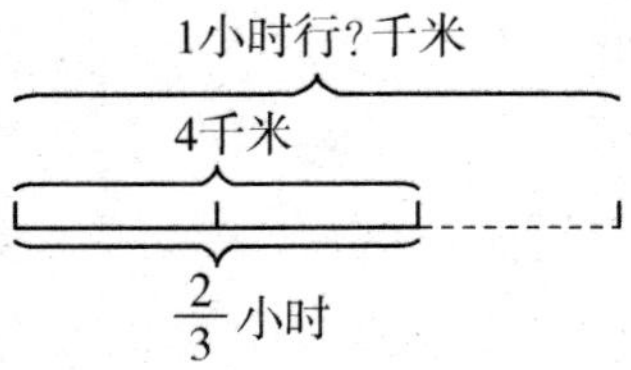


学生列出两种算式：一种是 $4\div\frac{2}{3}$，还有一种是 $4\div2\times3$，这时要想让学生理解一个数除以一个分数等于这个数乘这个分数的倒数有点难。

学生无法解释为什么 $4\div\frac{2}{3}=4\times\frac{3}{2}$。

这对学生来说很有难度，这时，有学生发现：4 千米被平均分成了两份，一小时是三份，也就是说一小时的路程正好是 4 千米的$\frac{3}{2}$倍，所以，$4\times\frac{3}{2}$就可以了。其实，这一题就是转换单位"1"，把已知量作为单位"1"，看要求量占它的几分之几。这样做，涉及单位"1"的转换，就学生目前的水平而言，理解起来是非常困难的。

单老师又出了一道题：一只小蜗牛$\frac{2}{7}$分钟爬了$\frac{3}{4}$米，它 1 分钟能爬多少米？

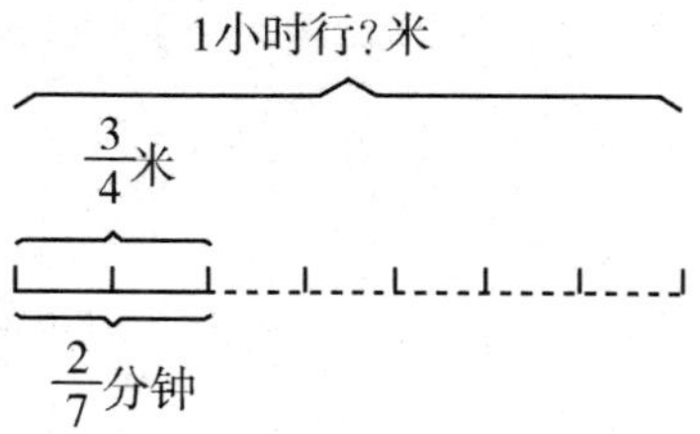


这是分数除以分数的例子，如果从转换单位“1”来解释其算理，相当困难，怎么办呢？

同组的小蓉老师为此左思右想，终于想到了引导学生建立思维模块的方法，具体如下。

讲解例题1的时候可以这样引导学生思考：$4\div\frac{2}{3}=(\quad)$，先看1里面有几个$\frac{2}{3}$，$1=\frac{3}{2}\times\frac{2}{3}$，那么$4=4\times\frac{3}{2}\times\frac{2}{3}$，由此可以得出$4\div\frac{2}{3}=4\times\frac{3}{2}\times\frac{2}{3}\div\frac{2}{3}$，最后算出$4\div\frac{2}{3}=4\times\frac{3}{2}$。之后，再由整数除以分数，过渡到例题2中的分数除以分数的计算中，显然，这样更有助于学生理解分数除法的算理。

## 打通“任督二脉”

——“分数连乘”教学片段及思考

执教“分数连乘”这一内容时，我设计了以下备学题。

1. 设计一道整数连乘的应用题。

2. 把其中两个整数改为分数，改好后试着算一算。

3. 提出三个关于分数连乘的问题在小组内讨论。

教学时，先让学生分组交流备学收获，然后汇报展示。以下是学生设计的部分整数连乘应用题。

1. 苹果树有400棵，梨树的棵数是苹果树的5倍，桃树的棵数是梨树的3倍，桃树有多少棵？

2. 甲是乙的2倍，乙是丙的5倍，已知丙是10，求甲是几？

3. 长方形长5厘米，宽4厘米，10个这样的长方形的面积是多少？

我引导学生分析题意，列出算式，并解释算式的含义。这时学生发现，前两道题是求一个数的几倍，第三题是先求一份，再求几份。这些例子都很好地体现了连乘的意义。

接着，我让学生分别将三道题中的两个或三个整数改为分数。

1. 苹果树有400棵，梨树的棵数是苹果树的$\frac{4}{5}$，桃树的棵数是梨树的$\frac{3}{4}$，桃树有多少棵?

2. 甲是乙的$\frac{9}{10}$，乙是丙的$\frac{14}{15}$，已知丙是$\frac{3}{7}$，求甲是几?

3. 长方形长$\frac{4}{5}$厘米，宽$\frac{3}{4}$厘米，2个这样的长方形的面积是多少?

这样一改，就变成了分数连乘的应用题。以前，在教学分数连乘应用题时，教师一般会引导学生联系一步分数乘法来计算，因为分数连乘是建立在一步分数乘法的基础之上的。现在，从整数连乘引入分数连乘，二者结构相似，更便于学生理解。其实，分数连乘与整数连乘的意义基本是一致的。如前两道题，在整数领域是连续两次求一个数的几倍是多少，而在分数领域是连续两次求一个数的几分之几是多少，解题思路是一样的。至此，学生意识到：求一个数的几倍和求一个数的几分之几都是用乘法计算，而第三题，无论是在整数领域还是在分数领域都是先求一份，再求几份，只是数发生了变化而已。这样，就使学生将分数乘法的算理纳入了整数乘法中，将相关的知识结构进行了重组和更新。

其实，很多新知识都可以与旧知识发生联系，甚至可以完全纳入旧知识中。

## 交流发现和问题

——"公倍数和最小公倍数"教学片段及思考

执教"公倍数和最小公倍数"这一内容前，我设计了如下备学题。

1. 分别写出10个2的倍数和3的倍数，从中找出2和3共同的倍数。想一想，公倍数有什么特点?

2. 写出5个6和9的公倍数，并写出想的过程。

3. 提出 3 个关于公倍数的问题。

为了让学生有更多的展示机会，我为学生提供了曾经使用过的发现单和问题单，原本上面写的是“我的发现”“我的问题”，为凸显学生集体的力量，我将之改为“我们的发现”“我们的问题”。我们都知道，如果没有交流和提炼的过程，学生在备学中的发现和提出的问题便依然是原始的、零散的；如果没有交流和提炼的过程，学生也无法相互促进、相互影响。所以在小组交流中，要引导学生既呈现自己的观点又倾听他人的想法，并试着解决同学提出的问题，以不断完善自己的认知结构。大家都无法解答的问题，可提出来全班讨论，这既节约了时间又使教学具有针对性。因此，小组交流时，学生提炼发现和问题的过程，显得至关重要。

第 1 题很简单，我引导学生通过口头交流来解决。学生分别说出了 10 个 2 的倍数和 10 个 3 的倍数，并从中找出了 2 和 3 共同的倍数，我在此基础上揭示了公倍数的概念。接着，我让学生讨论公倍数的特点。有学生说，公倍数的个数是无限的；还有学生说，公倍数就是几个数公有的倍数。看来理解公倍数的概念，对学生来说似乎并不难。

第 2 题和第 3 题有一定难度，我让学生小组交流，引导学生提炼出典型的发现和问题在全班进行交流。全班交流时，我先呈现了小杨组的发现单，针对第 2 题，他们组产生了两种方法：

方法一：分别写出 6 和 9 的倍数，再找出它们的公倍数。

方法二：先写出 6 的倍数，再从中找出 9 的倍数。

学生由方法二想到了第三种求公倍数的方法，即先写出 9 的倍数，再从中找出 6 的倍数。我引导学生比较这三种方法，大家发现，第三种方法比较简单。于是，我顺势指出，第三种方法也叫“大数翻倍法”，这是比较简单的求最小公倍数的方法。

这时，小任组又提出了一种新方法：先求出两个数的最小公倍数，再依次乘 2、乘 3 等。我给予其肯定，这种方法虽然很简便，可是对学生口算能力和思维能力的要求比较高，所以我并没有向学生推荐这种方法。

在问题展示阶段，学生都踊跃地呈现问题，小姚组的问题如下。

> 我们的问题
> 1. 6 和 9 的最小公倍数是多少？（姚锦怡）
> 2. 公倍数在生活中有什么应用？（杨玉如）
> 3. 求公倍数有更简便的方法吗？（杨玉如）
> 4. 是不是所有的数都有公倍数？（李泽睿）

第 1 题，学生已经解决。第 2 题要求举出实例，这对学生来说有一定难度，我没有要求学生马上举例，而是决定让学生在练习中呈现实例。第 3 题让大家重温了“大数翻倍法”。第 4 题使学生认识到所有两个或两个以上的非 0 自然数都有公倍数。

小夏组的问题如下。

> 我们的问题
> 1. 有最小公倍数吗？
> 2. 有最大公倍数吗？
> 3. 学了公倍数能解决什么数学问题？

前两个问题都很简单，第 3 题非常有价值，但学生不能马上回答出来。我肯定了这个问题，并指出公倍数的作用非常大，然后将这个问题搁置，因为一节课不可能解决学生提出的所有问题，有些问题可作为下一阶段的研究目标。

在问题交流环节，学生提问的热情很高，但大多数小组提出的问题后面都写着某个学生的名字，显然，他们的问题依然只代表个人，而不是集体。有的小组把每个成员的问题都写了出来，展示时，重复的、简单的问题不断出现。

该如何引导学生提炼典型的发现和问题呢？事实上，要引导学生学会提炼发现和问题非一朝一夕之事，需要不断地让学生实践和训练。首先，要有倾听的意识，能听明白别人的发现，听清楚别人的问题；其次，要进行分辨比较，了解别人的发现跟自己的发现有何异同，哪个是正确的；最后，面对别人的发现，每个人都要静心思考，自己能否回答这个问题，解决这个问题的关键是什么。遇到大家都无法解决的问题，再提出来进行全班讨论。

小组成员提炼发现和问题，从“我”走向“我们”，虽然只是一字之差，但意义和境界却截然不同。从个体单干到群策群力，从独立学习走向共同学习，这是学习方式的拓展，这对学生间的合作起着非常重要的作用。当然，提炼发现和问题这一能力的培养是一个循序渐进的过程，不可能一蹴而就，但只要有了方向，付出了行动，就一定会有收获。

## 反其道而行之

——“折扣问题”教学片段及思考

执教“折扣问题”这一内容前，我设计了以下备学题。

1. 生活中有哪些常见的打折现象？举出三个例子。

2. 怎样解决有关打折的问题？（举一个例子并解答）

3. 提出三个关于打折的问题。

备学的同时，我让学生做相关练习。有些学生很奇怪，特意来问我：“还没学这个内容，为什么就做练习？”我想，让学生先尝试解答，发现问题后再调整教学，效率岂不是更高。通过检查学生的备学情况我发现，关于打折的问题，很多学生会解答。

上课伊始，学生先小组交流。我给每个小组发了发现单和问题单，要求他们提炼出主要的发现和问题。

小组讨论后，学生先简单交流了生活中常见的打折现象；接着，又展示了一些典型的问题，具体如下。

1. 一件夹克衫的原价是120元，现八五折出售，现在卖多少钱？

2. 王大叔以八五折的优惠买了一辆自行车，实际付款357元。这辆自行车的原价是多少？

3. 李小军以九折的优惠购买了2张公园的门票，一共用了54元。每张门票的原价是多少？

4. 一个布娃娃原价250元，打完折后，妈妈用175元买了下来，打了多少折？

不同的题型，带给学生不同的感悟。

有些小组的发现很有意思，具体如下。

原价×折扣=现价

现价÷原价=折扣

现价÷折扣=原价

学生的提问能力日渐增强，他们能提出有价值的问题了。有一个小组提出了如下问题。

1. 打折与之前学过的利息有什么关系？

2. 打折主要是什么类型的应用题？

3. 打折与之前学过的纳税有什么关系？

第1题和第3题体现了学生融会贯通的能力，他们懂得联系已有知识学习新知，这是难能可贵的。从第2题可以看出学生已经具备了一定的抽象意识，懂得了归纳题目的类型。

俗话说："教学有法，教无定法。"可以先学后教，可以先备后学，还可以先练后教，有时反其道而行往往会收到意想不到的效果。

## 复习课亦精彩

——"最小公倍数、最大公因数的比较"复习课教学片段及思考

复习课难以出彩，难以把控，这是教师们的共识。一些教师最怕上复习课，因为学生对复习课没有对新授课的那种期待，而教师亦没有富有新意的情境创设，有的只是练习、练习，再练习的题海战术，枯燥而乏味。然而，在我执教的"最小公倍数、最大公因数的比较"复习课中，学生通过备学把生活中的数学带进了课堂，让课堂充满数学味的同时，溢满生活的馨香，让大家回味无穷。

首先，梦幻队带来了他们的挑战题。

把24个苹果和12个梨平均分给一些小朋友且没有剩余，请问最多可以分给几个小朋友？

奋斗队2号：这道题很简单，求24和12的最大公因数就可以了。

奋斗队3号：这样讲可能有的同学不明白，我们可以这样分析，从"平均分给一些小朋友且没有剩余"我们可以知道小朋友的个数不仅是24的因

数，还是12的因数，也就是24和12的公因数，再从“最多可以分给几个小朋友”中的“最多”一词我们可以知道要求的是24和12的最大公因数。

奋斗队1号：因为24和12是存在倍数关系的两个数，所以它们的最大公因数是其中的较小数12。

奋斗队4号：是的，存在倍数关系的两个数的最大公因数是其中的较小数，而最小公倍数是其中的较大数。例如，36和72这两个数也存在这样的关系。拼搏队3号，请回答36和72的最大公因数和最小公倍数分别是多少。

拼搏队3号：36和72的最大公因数是36，最小公倍数是72。

显然，奋斗队挑战成功，并且奋斗队4号还像小老师一样提问了拼搏队的学困生——拼搏队3号。看着学生的精彩表现，我感到很自豪。

接着，旋风队亮出了他们的挑战题。

把49块糖和39块巧克力平均分给一个组的同学，结果糖剩下1块，巧克力剩下3块，这个组最多有几位同学？

团结队2号：在这道题中，我们要注意的是“糖剩下1块”“巧克力剩下3块”，也就是分掉的糖只有49－1＝48（块），分掉的巧克力只有39－3＝36（块），现在大家应该知道怎样接着思考了吧。

团结队1号：这道题比上一道题稍微难了一些，但解到这里，就和上一道题差不多了，求48和36的最大公因数就可以了。

团结队3号：所不一样的就是48和36是存在一般关系的两个数，求最大公因数时，比倍数关系的要麻烦一些。可以先找36的因数：1，2，3，4，6，9，12，18，36；再找48的因数：1，2，3，4，6，8，12，16，24，48；再从中找出48与36的公因数：1，2，3，4，6，12；那么48与36的最大公因数就是12。因此，这个组最多有12位同学。

学生将问题提升到一定难度后，一并复习了一般关系的两个数的最大公因数的求法，他们的表现真令人欣慰！

接下来，飞龙队亮出了他们的挑战题。

1. 五年级学生参加禁止焚烧秸秆宣传活动，9人一组则多6人，8人一组则多5人。参加活动的学生至少有（　　）人。

A. 69　　B. 72　　C. 61

2. 若 $X$、$Y$ 都是整数，且 $X$ 是 $Y$ 的 3 倍，则 $X$、$Y$ 的最小公倍数是（　　），最大公因数是（　　）。

A. 1　　B. $X$　　C. $Y$　　D. $XY$

跃动队 3 号：第 1 题太简单了，可以用刚才的方法解答。

飞龙队 3 号立刻反对：不对，如果用刚才的方法解答，该怎样理解"9 人一组则多 6 人，8 人一组则多 5 人"？

这下把大家问住了。

跃动队 2 号：那我们可以用尝试法解题，分别用 69，72，61 尝试解答，哪个数除以 9 余 6，除以 8 余 5 就是哪个数。假如不是选择题，我们就不可以用尝试法解题了。

师：是的，做选择题时，这种方法是可行的。还有其他解法吗？（解题的"球"再一次被踢了出去）

飞龙队 1 号："多 6 人"和"多 5 人"与刚才的题并不一样，不可以直接像刚才那样求，我们可以换一个角度思考：把"9 人一组则多 6 人"换成"9 人一组则少 3 人"，把"8 人一组则多 5 人"换成"8 人一组则少 3 人"，这样，我们就可以知道总人数是 8 和 9 的最小公倍数少 3 人了。

飞龙队 1 号的讲解很清晰，使学生们豁然开朗，学生由此复习了互质关系的两个数的最小公倍数的求法。

最后，高飞队亮出了他们的挑战题。

小明的爸爸每 5 天休息一天，妈妈每 4 天休息一天，8 月 4 日他们同时在家休息，至少要到几月几日他们会再次同时休息？

胜利队接受挑战。

胜利队 2 号：这道题求 5 和 4 的最小公倍数就可以了，5 和 4 是互质关系，他们的最小公倍数是 20，所以，再过 20 天即 8 月 24 日他们会再次同时休息。

高飞队 1 号：不对，爸爸是工作 5 天，休息 1 天，每 6 天为一个周期；妈妈是工作 4 天，休息 1 天，每 5 天为一个周期，所以应该求 6 和 5 的最小公倍数，应该是再过 30 天他们再次同时休息。

就这样，两队争得不可开交。

师：咱们何不用最笨的办法来验证一下呢？

学生立刻想到了——列举法。

高飞队3号仔细地列举着，教室里鸦雀无声。在一一列举的结果面前，不赞成的学生也心悦诚服了。

在该教学中，学生学得非常主动，对学过的知识，能主动进行梳理和重组，一个个知识点就像散落的珍珠，学生一起捡起，将其串成了完整的知识“项链”，课堂精彩异常。

## 师生协同活动

——“绿树课堂”之命意

“绿树课堂”模式的重中之重是要正确处理好教与学的关系，注重师生的协同活动。教师的备课是有学生在脑子里的“师生协同活动”，学生的备学是有教师的指导在脑子里的“师生协同活动”；学生小组活动，教师巡视、参与、引导、点拨，这也是“师生协同活动”；集体交流与展示也是“师生协同活动”。课堂中，学生在教师引导下进行练习是“师生协同活动”；课后，学生需要完成的备学题中贯穿着教师的教学意图，因此，学生备学还是“师生协同活动”。

### 一、备学，让知识实现增值

备学不同于预习。预习是提前学习，预先学习；备学是准备学习，围绕新内容收集相关资料，寻找社会、生活中的相关事例，发现和提出问题。预习更多的是依据教材学，备学更多的是寻找与教材内容相关的资料，从而发现问题、解决问题。备学，是培养学生创造性思维的重要途径。

在绿树课堂中，师生协同活动表现为生生、师生之间的互动。生生、师生之间的互动，能使教材中的知识变得有多种可能、多种解读、多种含义，使书本知识增值，变得丰富多彩。要进行有效的生生、师生互动就需要教师在课前设计一份符合学情的备学题。如在执教“三位数乘两位数”这一内容时，我设计了如下备学题。

1. 通过尝试、探索，搜寻记忆中的两位数乘两位数的计算方法，相信你们一定可以解出下面的题。

用竖式计算 54×15，144×6，309×6 并写出你是怎样计算的。

2. 孩子们，不要怕出现问题，因为没有问题，才是最大的问题。试着计算 144×15，309×26，并写出你是怎样计算的。

3. 哪些题完成不了，记得大胆说出来，别人才可以帮助你，这样才能让你有所收获。希望明天看到最棒的你们!

你的计算正确吗? 请用计算器验算一下。在笔算过程中，你有什么发现吗? 把你的发现写在备学本上。

这节课的内容比较枯燥，如果仅让学生计算，学生一定会觉得索然无味，课前让学生根据备学题自己去探究其中的算理，自己去发现其中的精彩，学生一定会很用心、很积极的。

将备学题分发给班上知识基础不同、性格各异、能力不同的学生，不同层次的学生则会依据备学题自由收集资源，这使学生"练"在"讲"前，用自己的方式解读了教材；之后，学生带着不同的理解、认识进行交流、分享，最终实现了知识的增值。教师通过检查学生的备学情况，能了解学生的知识基础、学习能力等，进而进行有针对性的教学，实现课堂的高效。

## 二、分享，让知识精彩生成

在师生协同活动中，学生组内交流各自收集的资源，互通有无；每个人都提出自己的问题，通过小组讨论解决部分问题，不能解决的问题留着全班讨论，这时会不断出现精彩的生成。

绿树课堂特别注重课堂上的生成，其已成为绿树课堂备学后的基本特征、基本价值追求。

在课堂上，学生就各自在备学中的发现与问题互相交流、互相补充，难免会有不同的观点，甚至会有错误的信息。而协同教育认为，课堂上学生没有错误，只有问题和学习资源。错误信息可能正是课堂学习活动中部分学生需要解决的问题，也可能会激发大家的兴趣，引起激烈地讨论，成为课堂学习资源。此时，教师要做引路人，正确对待学生的"错误"，并把"错误"演变成重要的学习资源。正因为有学生出错，才会有同伴的补充、交流，才会有教师的点拨、引导，才会出现对不同层次的问题的讨论、探究，课堂也才能有精彩的生成。

正像余文森教授所说，教学过程既是暴露学生各种疑问、困难、错误的过程，又是让学生展示聪明才智、形成独特个性、展示创新成果的过程。在“出错”和“改错”的探究活动中，课堂会因为“错误”而美丽，课堂会成为学生狂欢的舞场。

**三、挑战，让知识更有质感**

通过备学，学生能明确小组活动的目的是什么、每一个人在活动中担任什么角色、需要完成什么任务，从而能有的放矢地进行小组活动，如此才能在进行小组活动时，全员参与，在全班交流时没有“假活动”现象，没有学优生的“唯我独尊”、其他学生的人云亦云。

如“乘法分配律”这一内容的教学片段。

高飞队亮出了他们组的挑战题。

1. 在□里填上合适的数。

$59\times7+59\times3=59\times(\square+\square)$

$25\times(3+4)=\square\times\square+\square\times\square$

2. 你是根据什么规律来填的？

生：我是根据乘法分配律来填空的，用字母来表示乘法分配律是$(a+b)\times c=a\times c+b\times c$。

生：也可以表示为$a\times b+b\times c=(a+c)\times b$。

生：我比较同意用$(a+b)\times c=a\times c+b\times c$，即$a$与$b$的和乘$c$等于$a$乘$c$加上$b$乘$c$。

生：我认为只要意思正确就行，也可以用其他字母表示：$(m+n)\times p=m\times p+n\times p$。

在该教学片段中，学生列举了很多乘法分配律的字母表现形式，最终较好地理解了乘法分配律。

其实，挑战的过程就是学生将知识进行梳理、重组的过程。在挑战与应战中，学生自由地互相质疑、对话，从而互相启发，使课堂上出现了预设之外的精彩。同时，每个学生都在认真倾听，在寻找挑战的机会，知识在质疑与挑战中变得更清晰了。

总之，在以学为主的师生协同活动中，真正将思考留给了学生，将机会让给了学生，将体验过程还给了学生，使学生之间能相互取长补短，共同完成学习目标，使每个学生都能在原有基础上获得进步，从而让课堂真正走向高效。

## 经历五场协同

——一堂复习课引发的思考

再次思考顾飞宇老师提出的高效课堂的五个场和六个指标，感触颇多。

顾飞宇老师认为高效课堂的五个场是意向场、问题场、情景场、情境场、意境场，这五个场嵌套层叠、和谐交互，使每个学生都得到了发展。对同样的教育资源每个人都有不同的理解，不同的理解完全可以和而不同。我在和学生一起复习"平面图形的面积"这一内容时，也引导学生经历了这丰富的"五场"协同。

### 一、备学交流中的"五场"协同

"平面图形的面积"这节课的教学重在引导学生回忆和整理平面图形的周长和面积的计算公式及其推导过程，并让学生熟练地应用公式进行计算，继而引导学生探索知识间的联系，构建知识网络，从而使学生加深对知识的理解，并从中学习梳理知识的方法。在课前我给学生布置了如下备学题。

1. 在小学阶段，我们学过哪些平面图形？什么叫作平面图形的面积？
2. 写出各种平面图形的面积计算公式，说说它们是怎样推导出来的。
3. 你发现的哪三个问题值得进一步讨论？

上课后先让学生交流备学中发现的问题。每个学生都在组内和同伴进行了问题交流（问题场）；学生将自己难以理解的问题提出来在组内解决，因为是复习课，每个学生都进行了备学，大家都有备而来，有话可说（情景场），这时课堂处于问题场和情景场交互的状态。很快，小组交流结束，学生进行全班归纳、交流（情境场），同学们运用转化的思想，将学过的所有平面图形的面积计算公式整理成了一幅知识网络图（见下图）（意境场）。这时是以上“四场”嵌套层叠、和谐交互作用的状态。

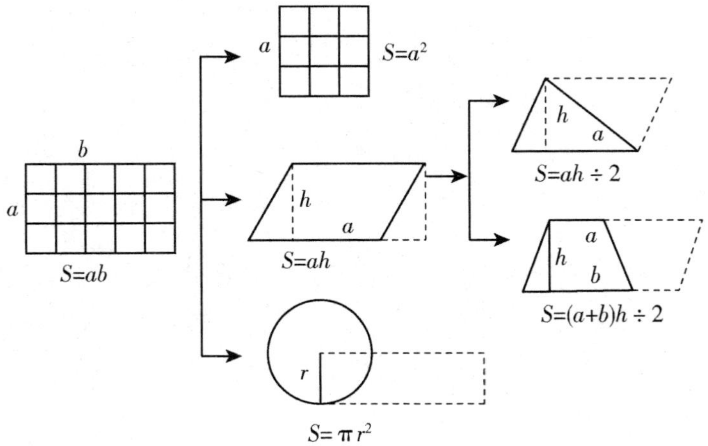


由于是学生自己整理形成的知识网络图，所以这幅图深深地印在了每个学生的头脑中，它联系了学生头脑中所有与之相关的思维模块。在生活中遇到相应的数学问题时，学生会借助这些思维模块来思考问题，这些被激活的思维模块就是意向场。

## 二、质疑问难中的问题再生

我认为意向场、问题场、情景场、情境场、意境场是可以同时贯穿整节课的。在质疑问难环节，和谐组的小飞同学提出一个问题：“圆环的周长怎样算?”针对这一问题，同学们展开了激烈的讨论，这种状态是又一次“五场”协同。

有学生认为圆环的周长等于外圆的周长加上内圆的周长，有学生认为圆环的周长就是外圆的周长，有学生认为有时候圆环的周长指的是内圆的周长，还有学生认为圆环只求面积，不求周长，因为求周长没有实际意义。于是，我与学生一起回顾了周长的定义。

根据周长的定义，就圆环形（见下页图）来说，其周长应是围绕图形所有边线的总长，即圆环的周长为外圆周长加内圆周长，但对此学生意见不一。

学生分别找出了能够证明自己观点的生活中的数学题。

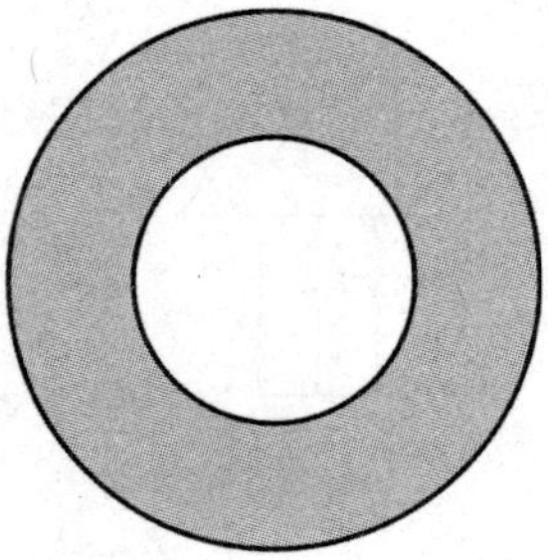

生1：缝纫师傅要做一个圆环形玩具，他要先缝好外圆的周长，再缝好内圆的周长。所以，圆环的周长=外圆周长+内圆周长。

生2：要用铁丝围成一个内半径是2米，外半径是4米的环形区域，需要多长的铁丝？这里要求的铁丝的长度，就是外圆的周长加上内圆的周长，所以，圆环的周长=外圆周长+内圆周长。

生3：有一个圆形的池塘，半径为8米，在池塘的四周有一条2米宽的小路，求小路的周长。此时的小路为圆环形，求小路的周长是求半径为8米的圆的周长，还是半径为10米的圆的周长，还是用外圆周长加内圆周长？

这道题对六年级的学生来说，还是比较简单的，仔细分析之后学生就能明白，小路的周长就是半径为10米的圆的周长，也就是圆环的周长等于外圆的周长（见下图）。

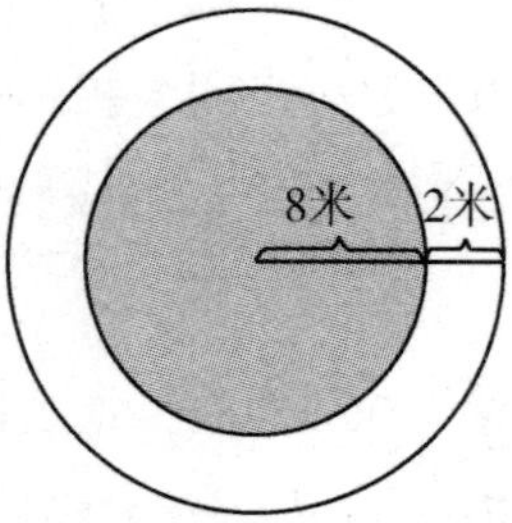


生4：小时候经常玩铁环，要求铁环的周长，是求外圆的周长，还是内、外圆周长之和？很显然，在这里应忽略内圆的周长，只求外圆的周长就可以了。

生5：假如操场的跑道是圆环形，那么操场跑道的周长应该是内圆的周长，还是外圆的周长，亦或是外圆周长加内圆周长？

有的学生认为，操场跑道的周长是内圆的周长，因为体育老师算跑道的长度的时候，都算的内圆的周长；有的学生认为，本题中跑道的周长和生 3 提到的环形小路的周长一样，应该是求外圆的周长；有的学生认为本题应该严格按照周长的定义来求，用外圆周长加上内圆周长。

就 5 位同学所提出的问题，学生们是这样思考的："周长是不是需要一笔画出来?""外圆周长与内圆周长之和算出来的圆环的周长太长了，不符合题意。""周长的定义是封闭图形一周的长度，不是两周，所以不能用外圆周长加上内圆周长，要么算外圆周长，要么算内圆周长。""我认为生 3 的题其实是求外圆的周长，只是出题不严谨。""生 5 的题中如果问题改成一圈最多能跑多远，一圈最少能跑多远，是不是更妥当一些?"学生在不断地质疑问难中又生成了许多新问题，在对新问题的讨论中，学生对圆的周长的认识更深刻了。

**三、问题解决中的豁然开朗**

如何才能解决所有学生提出的问题？第三次"五场"协同开始了。根据周长的定义来理解，圆环的周长应该是外圆周长加上内圆周长，那为什么学生找到的这些生活中的例子看来与之矛盾呢?

我想，在数学问题"生活化"的同时，也要把生活问题"数学化"，作为数学老师，应该注意培养学生用数学的眼光去分析生活中的数学问题，让学生学会运用数学的思维方式去观察和分析生活中的问题，从而主动运用数学知识分析问题，自主解决生活中的实际问题。

在小学阶段，我们学习了长方形、正方形、平行四边形、三角形、梯形、圆形这些平面图形，这些平面图形都是实心图形，不难理解其周长，可以简单地描述为"围成一个平面图形所有边长的总和，叫作这个图形的周长"。如果是非实心的图形（即空心图形）该怎么计算其周长呢？有一个孔的空心图形，有多个孔的空心图形，它们的周长该如何计算？

我引导学生复习转化的策略，学生一下子就明白了，可以把空心图形转化为实心图形来计算周长。圆环可以转化成 2 个实心圆来计算周长，"环形的周长"包含两个周长，圆环的外圆周长（即大圆周长）和圆环的内圆周长（即小圆周长），圆环的周长就是外圆周长加内圆周长。

### 四、构建模型中的举一反三

这是第四次“五场”协同了。在学生列举的这些生活中的数学题中，我们不难看出生 1 和生 2 所说的题都可以抽象成严格意义上的“圆环的周长”，即用外圆周长加上内圆周长来解决问题。而生 3 所提到的圆环形小路，一般情况下，对六年级的学生来说，只要求其求出小路的面积，即用大圆的面积减去小圆的面积，不涉及求小路的周长的问题。但是如果要求小路的周长，实际上也应该是用半径为 8 米的圆的周长加上半径为 10 米的圆的周长，即小路的周长＝外圆周长＋内圆周长。而生 4 所说的求铁环的周长，是将圆环抽象成了圆，来求圆的周长，这里就不能说是圆环的周长了。对于生 5 所说的算操场跑道的周长，教师要让学生明白，“体育老师算跑道的长度的时候，都算的内圆的周长”并不能代表跑道的周长就等于内圆的周长，这仅仅是体育老师计算的内圈的长度，是运动员沿着内圈跑一圈的距离。计算跑道的周长也要用外圆周长加上内圆周长。

接着，我出示了一道题。

在一个长 12 厘米、宽 8 厘米的长方形纸中间，剪掉一个长 6 厘米、宽 4 厘米的长方形，求剩余部分的周长。

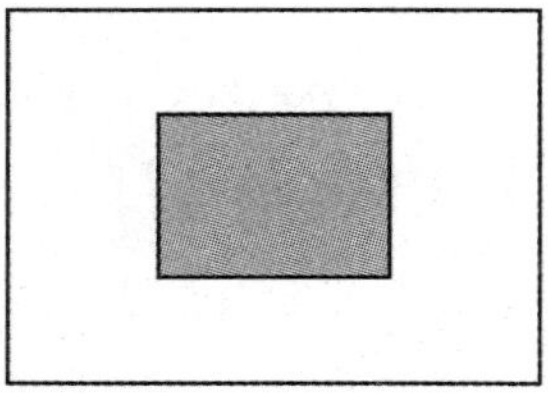

学生已能自己分析：(1) 这是一个空心图形，由 2 个图形组成；(2) 这个图形的周长是 2 个基本图形的周长之和。这就是计算空心图形的周长的数学模型。接着，学生又一起讨论了下面这道题。

在一个长 12 厘米、宽 8 厘米的长方形纸上，剪掉 4 个半径为 1 厘米的圆，剩下图形的周长是多少？

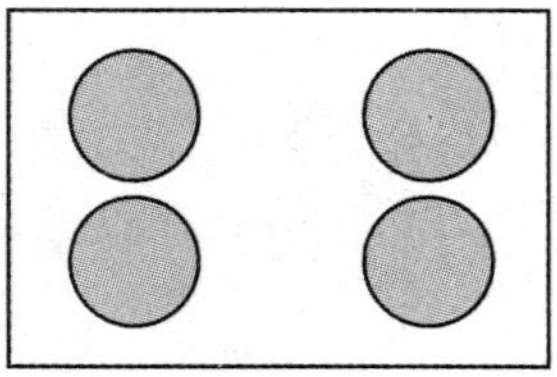

此时，学生争着分析：(1) 这是一个空心图形，由 5 个基本图形组成；(2) 这个图形的周长是 5 个基本图形的周长之和。

数学来源于生活，也必须植根于生活。作为数学教师，我们在数学教学中，要把数学知识与生活实际、学生的数学学习有机地结合起来：一方面，要引导学生充分挖掘生活中的数学问题，创设生动有趣的问题情境来帮助学生学习，鼓励学生去发现生活中的数学问题；另一方面，要让学生不断发现蕴含在数学问题中的一些基本数学模型，让学生利用数学模型沟通现实中的生活世界和数学中的抽象世界，提高利用所学的数学知识解决实际问题的能力。

现在，再来看顾飞宇老师提出的高效课堂的六个指标。

学生带来问题的课堂——学习目标是学生备学带来的问题。课堂学习的目标来自学生备学后的发现与问题。尽管教师凭借经验能预测到学生会提出什么问题，也不应该首先发问，而应该让学生自己发现问题并提出问题。学生发现的问题越有思维含量，课堂越高效。

学生带来资源的课堂——学生具有长期备学（课外阅读）的积累，具有运用学科思维对生活进行观察的积累，具有主动运用学过的思维方法思考新问题的习惯，因此能将从课外阅读中获得的知识带到课堂上交流，使之成为课堂上的学习资源。这种资源越多，课堂越高效。

学生带来情境的课堂——情境是学生用来解决自己的学习问题所需要的“资源组合”。课堂情境一般是由教师创设的，但学生带来的情境，一定是最适合学生的，因此课堂中的情境越是由学生自己带来的，课堂越高效。

学生带来质疑的课堂——学习过程是学生持续不断的质疑。如果课堂上学生的质疑需要教师课后查阅资料才能解答，那么，这堂课肯定是高效的。

学生带来冲突的课堂——在课堂上，学生之间出现争辩、思维发生冲突、头脑风暴效应出现、一波又一波的高潮迭起，这样的课堂一定是高效的课堂。

学生带来冲动的课堂——课堂上的学习、思维模块的构建，为学生带来寻找新问题检验思维模块的冲动，使学生对以后要学习的内容充满先睹为快的欲望，备学意向强烈，这样的课堂一定是高效的课堂。

对照这六个指标，在这节复习课中，学生的表现还是非常出色的，也达到了“五场”协同课堂的有效和高效。

## 第三节　基于备学的课例呈现

### 让数学与生活紧密相连

——“比的认识”教学设计及反思

**【教学目标】**

1. 结合具体实例，理解比的意义，知道比的前项和后项，会求比值；了解比和分数、除法之间的关系，会把比改写成分数。

2. 在解决实际问题的过程中，了解比在日常生活中的广泛应用，体会数学与生活之间的联系。

**【教学重难点】**

1. 理解比的意义。

2. 了解比和分数、除法之间的关系。

**【教学过程】**

#### 一、准备先行

1. 举三个生活中不同类的比的例子。

2. 说说三个例子有什么不同。

3. 提出三个关于比的问题。

【设计意图】对于“比”，学生有着自己的独特认识，备学题旨在激活学生的生活经验、知识经验、思维经验。在备学过程中，学生可能收集到比多少的例子，也可能收集到倍比的例子，无论例子正确与否，都将成为重要的教学资源。

#### 二、交流展示

1. **小组交流**

学生在小组内交流备学收获，以小组为单位提炼出主要的发现和问题。

2. **全班研讨**

教师组织学生展示收集到的生活中有关比的例子，师生共同经历探索比的过程。

（1）在直观中揭示比的定义

“比是什么？”这是学生提出的问题，这个问题直指比的意义和内涵，是本课的研究重点。

呈现学生的例子：男生人数和女生人数的比是3∶2。

师：男生人数和女生人数是怎样的关系？

生：男生人数相当于女生人数的$\frac{3}{2}$。

（板书：$3:2=3\div2=\frac{3}{2}$。）

引导学生用线段图表示男、女生人数的关系。

男生人数：。

女生人数：。

师：男生和女生人数的比是3∶2，是不是意味着男生一定是3人，女生一定是2人，还可以是多少人？

（还可以是男生6人、女生4人，男生9人、女生6人……）

师：如果没有条件限制，能写完吗？

（学生讨论。）

小结：看来，这里的3∶2不是表示具体的数量，而是表示3份比2份，它的内涵很丰富。

（课件出示：女生人数和男生人数的比是2∶3。）

学生讨论得出：女生人数相当于男生人数的$\frac{2}{3}$。

师：两个数的比，表示两个数相除。

（研究比的各部分的名称，介绍比号的来历。）

（2）在辨析中丰富比的内涵

学生课前找到了生活中的比，这些比有的是数学意义上的比，有的不是。根据比的定义，将这些有关比的例子予以区分和甄别，对学生理解比的定义具有非常重要的意义。

辨析：说说刚才列举的比的例子，哪些是数学意义上的比。

第一组：红花比黄花多7朵。苹果比梨少5个。

经过分析，学生发现：上述例子中，两个量之间是相差关系。

第二组：炒菜时，所用味精和盐的质量的比约是1∶2。糖水中，糖和水的比是1∶10。我国国旗长和宽的比是3∶2。

经过分析，学生达成共识：以上三个例子均为同类量的比，它们是相除关系。

第三组：总价和数量的比是6∶2。小军走的路程和所用时间的比是900∶15。

通过分析研究，学生发现：这两个例子是不同类量的比，总价和数量的比表示单价，路程和所用时间的比表示速度。同类量的比表示倍数关系，不同类量的比会产生一个新的量。

第四组：足球比赛中，两队比分是4∶0。体育比赛中，甲队以3∶2战胜了乙队。

师：比赛中的比是数学意义上的比吗？

有学生认为，比赛中的比只表示比分，它们没有相除关系；有学生认为，比分是4∶0只能表示比分的多少，因为除数不能为0，所以4∶0没有相除关系。通过讨论，学生达成共识：各类比赛中的比不是数学意义上的比，它们只是一种计分形式，是相差关系，不是相除关系。

（3）在对比中固化比的结构

"比和哪些数学知识有关系？""比和分数、除法有什么关系？""比的后项可以是0吗？"围绕这些问题组织学生研究比、分数和除法的关系。

通过对比分析，学生认识到：比的前项相当于分数的分子、除法中的被除数，比号相当于分数中的分数线、除法中的除号，比的后项相当于分数的分母、除法中的除数；三者虽然联系紧密，但它们也是有区别的，比表示一种关系，分数是一个数，除法是一种运算。

【设计意图】在交流展示环节，呈现学生举的例子，并在不断地追问中，使学生的认知直抵比的核心内涵。比与其他知识的关系，是需要学生关注的问题，在问题引领下，学生了解了比、分数和除法之间的关系，形成了完善的知识网络。

## 三、应用强化

在应用中突出比的本质。以学生的问题“比有什么作用”“怎么在生活中用比”“黄金比是什么”为导向，引导学生继续研究比的应用，使学生进一步了解比的本质属性。

（1）出示不同比例的蜂蜜水。第 1 杯：蜂蜜和水的比例是 1∶8；第 2 杯：蜂蜜和水的比例是 1∶4；第 3 杯：蜂蜜和水的比例是 1∶1。

（学生解释以上各比的意义。）

师：每杯蜂蜜水中的蜂蜜都不一样多，但为什么比的前项都是 1 呢？

经过思考，学生发现：因为每杯蜂蜜水中都有一份蜂蜜，而且，每杯蜂蜜水中的一份蜂蜜和一份水总是一样多的。（从变中发现了不变的元素，这是学习数学的一项基本功）

（2）出示一大、一小两杯相同比例的蜂蜜水，蜂蜜和水的比都是 1∶2。

师：这两杯蜂蜜水哪杯更甜？为什么杯子大小不一样，水的甜度却一样？

学生思考后得出：蜂蜜和水的比都是 1∶2，意味着一份蜂蜜对应两份水，所以不管杯子有多大，它们的甜度都是一样的。

（3）介绍有关黄金比的知识：黄金比的比值约为 0.618。古希腊人认为，美是神的语言，宣称黄金比是上帝的尺寸。自古希腊以来，一直有人认为把黄金比应用于造型艺术，可以给人以最美的感觉。宽和长的比值接近 0.618 的长方形，被认为是最美的。

师：人的身高与脚长的比一般约为 7∶1，犯罪嫌疑人的脚长是 25 厘米，你能估算出犯罪嫌疑人的身高吗？

【设计意图】这是对比的实际应用，能使学生进一步深化对比的理解。蜂蜜水之题中的两次对比，巧妙地渗透了变与不变的思想；而关于黄金比的介绍，使数学在实用的基础上，突显了文化的意味。

## 四、拓展延伸

学生进行了这样的追问：“为什么会有比?”“有（　　）：（　　）：（　　）这样的比吗?”

① 出示：面包中，糖、蛋黄和面粉的比是1：2：8，这是一个连比。

② 布置“比的基本性质”的备学题。

1. 不同的比之间会有相同的关系吗？举例说明。

2. 比可能具有什么性质？

3. 提出三个关于比的性质的问题在小组内讨论。

【设计意图】比表示两个数相除的关系，有学生据此提出：有（　　）：（　　）：（　　）这样的比吗？连比与比又有什么联系呢？这些问题可先搁置，让学生带着问题走出教室，使课堂充满无穷的张力。

**【教学反思】**

数学教学不仅要基于学生经验，还要为学生积累经验提供服务。在生活中，学生接触的比是怎样的？关于比，学生有着怎样的已有经验？这些都是我们必须面对的。为了促使学生成为课堂的建设者，我设计了备学题，让学生收集有关比的生活素材，提出关于比的问题，这些都为新课学习奠定了坚实的基础。

学生收集的生活中的比，主要分为两大类：一类属于相除关系，即数学意义上的比；另一类属于相差关系，与数学意义上的比毫无关系。前一类还可分为两种：同类量的比，不同类量的比。学生收集的典型素材如下。

郭佳能：红花比黄花多7朵。苹果比梨少5个。

杨玉如：炒菜时，所用味精和盐的质量的比约是1：2。洗衣服时，水与洗衣液的比约是800：1。

蔡卓睿：糖水中，糖和水的比是1：10。我国国旗长和宽的比是3：2。

徐梓浩：果汁和牛奶的杯数的比是3：2。小军走的路程和所用时间的比是900：15。

刘家铭：我班会骑自行车的男生人数与女生人数的比是3：2。足球比赛中，两队比分是4：0。

颜宇：我班男同学人数与女同学人数的比是3：2。体育比赛中，甲队以

3∶2战胜了乙队。

这些生活中的比都是学生经常接触的，有些是数学意义上的比，有些不是，这些生活素材就是最好的教学资源。

学生对“比”这一知识点也有许多疑问，所提的问题几乎涵盖了比的各个方面，于是我引导学生提炼问题，并组织学生开展研究，引领学生构建关于比的知识结构，收到了不错的效果。

## 谁的球技更高

——“百分数的认识”教学设计及反思

**【教学目标】**

1. 通过备学题的引导，初步感知为什么会产生百分数；理解百分数的意义，学会正确地读、写百分数；理解百分数与分数、比之间的联系和区别。

2. 能将收集的信息与同学进行交流，能筛选出有价值的信息。

3. 体验百分数与生活的密切联系，增强自主探索与合作交流的数学意识，培养良好的数感；培养积极思考、敢于质疑的良好学习习惯。

**【教学重难点】**

1. 理解百分数的意义。

2. 理解百分数与分数的联系和区别。

**【设计理念】**

百分数在生活中的应用非常广泛，它源于分数，又区别于分数。本节课教学从学生的知识经验、生活经验、思维经验出发，让学生经历百分数的产生过程，感受百分数的独特作用，从而使学生认识百分数的价值，领会百分数的意义。在学习之前，让学生收集生活中的百分数，旨在让学生经历生动的、富有现实意义的学习过程，将数学知识生活化，生活知识数学化，使学生感受到数学就在我们身边，体会到数学的价值，享受学习数学的快乐。

**【教学过程】**

### 一、创设情境，引入新知

师：同学们，一个是“$\frac{2}{3}$”，一个是“$\frac{2}{3}$米”，你能把它们填到合适的句子中吗？

（学生填空。）

师：说说为什么这样填。

（学生说原因。）

师：回答得非常不错，分数既可以表示谁是谁的几分之几，也可以表示具体的数量。请看大屏幕。

（备学题第1题：随意写出三个分母不同的分数，再比较一下这三个分数的大小。出示部分学生的备学作业。）

师：许萌萌同学，说说你比较三个分数大小的方法。

（学生介绍自己的方法。）

师：蒋书雨同学的这些分数可以怎样比较呢？

（学生纷纷发表意见。）

师：当我们比较异分母分数的大小时，首先要——

生：通分。

师：对于俞同学的这三个分数（$\frac{16}{25}$，$\frac{13}{20}$，$\frac{9}{10}$）我们都比较感兴趣，于是我把它们放进了班级的数学小故事中：有一天，三个小球迷进行了一场投球比赛，下面我们一起来看看谁的球技更高一些。请看大屏幕。

| 姓　名 | 投中次数 |
|---|---|
| 陈子璇 | 16 |
| 缪　迪 | 13 |
| 朱　驭 | 9 |

生：陈子璇。

师：有不同意见吗？

生：只知道投中次数是无法判断谁球技高的。

师：是啊，仅仅凭借投中次数来判断谁的球技高是不科学的，还要看他们投篮的次数。

师：好的，我把他们投篮的次数也展示出来。

| 姓　名 | 投中次数 | 投篮次数 |
|---|---|---|
| 陈子璇 | 16 | 25 |
| 缪　迪 | 13 | 20 |
| 朱　驭 | 9 | 10 |

师：现在能看出谁的球技高一些了吗？

师：看来只看还不够，还要算一算。

（学生计算。）

师：现在你能直接看出谁的球技高了吗？

| 姓　名 | 投中次数 | 投篮次数 | 投中次数是投篮次数的几分之几（投中率） |
|---|---|---|---|
| 陈子璇 | 16 | 25 | $\frac{16}{25}=\frac{64}{100}$ |
| 缪　迪 | 13 | 20 | $\frac{13}{20}=\frac{65}{100}$ |
| 朱　驭 | 9 | 10 | $\frac{9}{10}=\frac{90}{100}$ |

师：写成这样的分数之后，我们比较起来就方便多了。像这样分母是100的分数，我们给它取一个特殊的名字叫“百分数”。这节课我们一起来认识它吧。（板书课题：百分数的认识）

师：百分数通常不写成分数形式，要怎样写？

生：在原来的分子后面加上“%”。

师：（范写：$\frac{13}{20}=\frac{65}{100}=65\%$，指“%”）这个符号是——

生：百分号。

师：65其实就是原来的分子。65%读作什么呢？

生：百分之六十五。

师：现在请同学们把剩下的两个分数写成百分数的形式。写完后和同桌对比一下，看看你写对了吗，并给同桌读一读。

| 姓　名 | 投中次数 | 投篮次数 | 投中次数是投篮次数的百分之几（投中率） |
| --- | --- | --- | --- |
| 陈子璇 | 16 | 25 | $\frac{16}{25}=\frac{64}{100}=64\%$ |
| 缪　迪 | 13 | 20 | $\frac{13}{20}=\frac{65}{100}=65\%$ |
| 朱　驭 | 9 | 10 | $\frac{9}{10}=\frac{90}{100}=90\%$ |

【设计意图】从学生的备学作业出发，通过比较分数的大小，创设“谁的球技高”这一问题情境，引发学生更深入的思考，引出本节课的主要教学内容——百分数。

**二、自主展示，构建模型**

师：这里的64%是什么意思？

生：缪迪同学投中的次数占他投篮次数的64%。

师：65%和90%是什么意思？同桌间相互说一说。

（同桌互说。）

师：大家有没有发现，这几个百分数都表示——

生：投中次数是投篮次数的百分之几。

[教师板书：表示（　　）是（　　）的百分之几。]

师：现在，我们已经知道了投篮比赛中的百分数的含义。在前几天的备学中，我们收集了生活中的百分数，现在请大家把自己收集的生活中的百分数和我们需要解决的问题在小组内交流一下。

（学生先小组交流，之后推荐代表进行全班交流。）

师：交流之后我们发现，大家找的是不同情境中的百分数，那么这些百分数有没有相同之处呢？

生：都是求一个数是另一个数的百分之几。

[教师完善板书：表示（一个数）是（另一个数）的百分之几的数，叫作百分数。]

（学生读一遍。）

师：百分数与我们以前学的哪几个知识点有相似之处？

生：一个数是另一个数的几分之几；一个数是另一个数的几倍。

师：都表示两个数之间的——

生：倍比关系。

师：刚才，同学们在探究、交流中明白了百分数的意义。下面来交流需要我们研究的问题。

（学生交流。）

师：你有什么发现？

（学生汇报。）

师：虽然它们的形式不同，但所表示的意义相同，所以，我们又把百分数称为“百分率”，或者“百分比”。

【设计意图】让学生交流自己在备学中收集的百分数，并用自己的语言描述百分数表示的意义，同时让学生通过交流了解百分数与分数、比之间的关系，使学生逐步构建有关百分数的知识体系，体验百分数在日常生活中的广泛应用。

**三、组际挑战，完善认识**

师：通过刚才的学习，大家对百分数有了更多的认识，下面我们进行组际之间的挑战，小组成员通过合作来解决问题。

挑战题 1：下面哪几个分数可以用百分数表示？哪几个不能？为什么？

（1）一堆煤重$\frac{97}{100}$吨，现运走了它的$\frac{75}{100}$。

（2）$\frac{23}{100}$米相当于$\frac{46}{100}$米的$\frac{50}{100}$。

（学生挑战。）

师：百分数与分数到底有哪些联系和区别呢？

生：百分数只表示两个数量的倍比关系，不能表示某个具体数量，不能带单位。

师：谁来总结一下百分数与分数的联系和区别？

（学生汇报。）

（教师继续出示其余3道挑战题，学生分小组挑战，挑战时以一组交流为主，其他组补充。）

【设计意图】本课的难点为理解百分数与分数的联系和区别，通过组际挑战，进一步帮助学生认识百分数的特征，让学生在现实情境中感知百分数与分数的异同，理解百分数的意义，加深对百分数的认识。

## 四、拓展应用，巩固新知

### 1. 师生合作

师：下面我们一起来完成"我读你写"部分的内容，我来读，你来写，要写准确。

45%　200%　0.03%　100%　50%　140%　121.3%　98%

师：现在用含有百分数的一句话说说你写的情况。

（学生汇报。）

### 2. 写一写、填一填、说一说

（1）小明已经看了一本书的（　　），还剩下55%没有看。

（2）某师傅生产了340个零件，全部合格，合格率为（　　）。

师：你能说一个这样的句子，让大家选择填空吗？

【设计意图】鼓励学生根据实际情况选择合适的百分数，让学生在深刻理解百分数的意义的基础上，学会将所学知识运用于实际生活中，进一步培养学生的数感。

## 五、课堂小结，课后延伸

师：通过这节课的学习，你有哪些收获要与伙伴们分享？

（学生分享收获。）

师：学有所获真的是一件非常快乐的事！收获的同时，大家一定产生了一些新问题吧，老师期待着你的新问题，谁来说一说？

（学生提出问题，其他学生回答。）

师：在学习这节课之前，我们班有些同学已经走在了备学的前列。瞧，这是他们的问题。（出示学生的问题）

师：这些将是下一阶段我们要继续研究的问题。现在，老师要用一句话来结束今天的课，那就是，老师对同学们在这节课上的表现的满意度是100%！掌声送给自己。

**【教学反思】**

在本节课教学中，我注重指导学生通过大量实践活动学会观察、学会思考问题、学会运用知识解决问题，并注重培养学生的问题意识、实践意识与创新意识，让学生在尝试中创造、在尝试中成功。

教学永远是一门遗憾的艺术。在该课教学中，由于是基于备学的课堂，所以学生反馈的信息量比较大。为了节省教学时间，我用 PPT 对部分学生的发现和问题进行了展示，但由于课堂中播放 PPT 出了一点儿问题，导致同学们的思维被打断了。由此引发了我的思考：基于备学的课堂是否可以不用 PPT 来固定学生的思维，而用实物展台直接展示学生的发现和问题，以便学生随时发现问题，随时解决？

## 不同的运动轨迹

——“平移和旋转”教学设计及反思

**【教学目标】**

1. 感悟平移现象的特征，能在方格纸上画出一个简单图形沿水平方向、竖直方向平移后的图形。

2. 知道平移现象与旋转现象“确定基准”和“找对应点”的区别。

3. 掌握“确定基准”和“找对应点”的方法，发展空间想象能力并受到美的熏陶。

**【教学重难点】**

感悟平移现象的特征，能在方格纸上画出一个简单图形沿水平方向、竖直方向平移后的图形。

**【教学过程】**

### 一、创设情境，悟平移

师：同学们，老师给大家带来了一些运动着的物体，想看看吗？不过老师有一个要求，希望你能用手势表示出这些物体的运动轨迹。

（学生边看大屏幕，边做动作。）

师：你们模仿得真像！这些物体的运动方式相同吗？

生：不同。

师：既然不同，那就给它们分分类吧！

（各小组分类。）

师：汇报的时刻到了，哪组先来？

生：我们组把它们分成了两类。（介绍分类）

师：你们为什么把这几种物体的运动分成一类呢？

生：因为它们都是直行的。

师：有人要补充吗？

生：它们的运动是平移。

师：你懂得真多。

小结：火车、电梯等物体的运动可以看成是平移。（教师板书：平移）

师：观察下面三种物体，看看它们的运动有什么相同的地方。

生：直升机的螺旋桨、钟表的指针、风扇的叶片的运动都是旋转的。

师：非常准确！直升机的螺旋桨、钟表的指针和风扇的叶片的运动就是旋转。（板书：旋转）

【设计意图】通过情境创设，激发学生的学习兴趣，让学生萌生"我要学"的愿望，同时为按照不同的运动方式对物体进行分类做好铺垫。学生经历了情境中的"热闹"后会进行冷静的思考，从而明确研究平移和旋转两种运动方式的必要性，感悟平移现象。

## 二、走进生活，找平移

师：平移和旋转是两种不同的运动方式。今天这节课我们就重点研究一下平移这种运动方式。

### 1. 课堂备学

举出生活中的平移现象，并画图说明

（1）每个学生说三个生活中的平移现象，并画下来。

（2）小组讨论，评选出优秀作品，选一名代表进行全班汇报，其他同学相机补充。

【设计意图】通过之前的情境学习，学生对平移现象已经有了初步认识，头脑中已主动构建了平移现象。接下来进行课堂备学活动，旨在让学生用数学画先展示一下自己已有的知识和经验，为后面的小组交流、补充奠基。

**2. 学生点评，了解如何判断平移**

师：开始汇报了，汇报时先说说你们列举的平移现象，再展示你们画的图。哪组先汇报？

（团结组最先展示自己的作品：一架飞机在平移行进。毕竟是学生的画，并不规范，平移之后的飞机变小了且与原图有些不同。）

师：这幅画画得不错！你能说说你的这幅作品有什么遗憾之处吗？

生：我本来想将平移前后的飞机画成一样的，可是平移后飞机的机翼画歪了。

生：我觉得平移之后，原来图形的形状应该不变，大小也不变。

（教师相机板书：形状不变、大小不变。）

师：说得真好！老师也想玩一下平移的动作，我将铅笔平移了。看，铅笔这样移动，（在移动铅笔的同时，改变了笔尖的方向）可以吗？

生：不行，你把方向变了。

师：也就是说，在平移的过程中，还有什么不能变？（板书：方向不变）

师：（展示另一名学生的作品）他的这幅作品很有美感，你有话想对他说吗？

（学生发言，表达自己的看法。）

师：欣赏完大家的作品，老师真佩服你们，你们既有聪明的大脑，又有灵巧的双手。

师：其实，我们数学中的平移是一个相当严谨的问题，不能有一丝一毫的误差。

【设计意图】学生在讨论交流中学习了新知，学生们徒手画出的平移现象不可能特别标准，利用这一点，引导学生互相点评数学画的“亮点”和“遗憾”，能使学生更容易理解图形平移的特点：平移前后图形的大小不变，平移前后图形的形状不变，平移前后图形运动的方向不变。

师：老师给大家准备了一些运动中的物体，大家一起来判断一下哪些运动是平移，哪些运动是旋转。

（指一名学生上来演示这些物体的运动，其余学生抢答。）

【设计意图】明白了平移的特点之后，将所学知识应用于实际。

## 三、走进数学，画平移

### 1. 在方格纸上演示小鱼平移的过程

师：瞧，老师又给大家带来了一条可爱的小鱼。（大屏幕展示）你能用一句话描述一下刚才的情景吗?

生：小鱼在平移。

生：小鱼在进行左右方向的平移运动。

生：小鱼在向左平移。

师：看到这一现象，你想到了什么问题?

生：小鱼在快活地游来游去。

（屏幕显示，小鱼可以左右平移，还可以上下平移，还可以斜向平移。）

生：小鱼移动了多长的距离?

师：这些都是值得研究的问题，我们怎么知道它平移了多长的距离呢?

生：用尺子量。

师：这是一个好办法，但是我们怎样量呢?

（让一个学生来屏幕前指一下从哪里量到哪里。）

师：在数学中，我们把这一点（指图）和它移动之后的这一点（指图）称为对应点。

师：为了方便测量，我们可以用数格子的方法来研究图形平移的距离。

（出示网格图。）

师：瞧，现在你能说说小鱼向什么方向平移了几格吗?

### 2. 全班交流

（1）学生汇报。

（2）交流观察的策略。

### 3. 课件演示，对应点间的平移，对应边间的平移

明确：图形平移前后，各对应点之间的距离相等。

4. **想一想，试一试**

师：谁能说一说，要看一个图形向哪个方向平移了几格，要先找什么，再数什么？

（学生说自己的想法。）

（教师出示小房移动图、火箭移动图、电脑移动图。）

师：下面大家先小组交流一下这些物体的运动轨迹，然后选一名代表进行全班汇报。

（组内交流小房图向什么方向平移了几格，火箭图向什么方向平移了几格，电脑图向什么方向平移了几格，然后进行汇报。）

5. **同桌讨论**

师：接下来，同桌讨论一下怎样画一个图形平移后的样子。

（同桌讨论。）

师：如果给你一个图形，让你画出它平移后的位置，你知道在画的过程中应该注意什么吗？（出示有关平移的题，让学生画平移后的图形）

（学生画图，之后同桌交流。）

师：如果让你当小老师，你会怎样检查同学们画的是否正确呢？

生：我认为首先要看方向对不对，再看图形的样子是否改变，最后找一个点数一数就可以了。

师：你的思路真清晰，让我们大家很受启发。用这样的方法同桌互相检查一下吧。

6. **展示交流**

师：下面来交流一下你们是怎么画的。

（学生自由到实物投影仪前交流，教师肯定学生的多种画法。）

【设计意图】让学生在方格纸上数出图形平移的格数，强化了学生对平移的感知，使得学生自发进入探究问题的情境，进而有效地突破了教学难点；引导学生由图形的整体移动，联想到可以通过数对应点、对应边之间的距离看图形平移的现象，使学生将所学知识灵活进行了运用。

## 四、课堂小结，谈平移

师：这节课，我们一起学习了平移，把你的收获跟大家分享一下好吗？

你都学到了什么呢?

(学生小结，相互补充，分享收获。)

【设计意图】让学生自主归纳所学知识，构建知识网络。

**五、超越自我，创平移**

师：同学们，让我们一起动手，当一回小小设计师，先画出自己最喜欢的一个图形，再画出它平移后的样子。开始我们的创作吧!

【设计意图】让每个学生画出自己喜欢的图形，并自主进行平移，从中感受数学的美。

**【教学反思】**

1. 互动交流，气氛融洽

在课堂上，学生不再沉默不语，而是主动表达自己的想法、观点，人人都有自己的观察、思考与发现，就连平常不爱回答问题的学生也发现了图形在平移中不能改变大小这一特征。在教学过程中，我站在学生的立场，把观察、思考、交流的权利都还给了学生，使学生在交流中相互探讨，在质疑中相互补充，在合作中实现了学习的共赢。

2. 期待生成，智慧碰撞

在教学中，我让学生无拘无束地交流，不急于让学生找出答案，而是引导学生在相互补充中找出正确的答案。我不充当"裁判"，对学生的答案进行评价，而是将评价的机会让给学生。如在学生第一次完成数学画后，我先让学生指出自己作品的不足之处，然后让其他学生补充，使学生发现了平移的两个特征：平移前后图形的形状不变，平移前后图形的大小不变。接下来，我通过移动铅笔，引导学生发现了"平移前后图形的方向不变"这一特征，在生生、师生智慧的碰撞中，知识自然生成。

3. 顺学而导，引深思维

在"走进数学，画平移"活动中，我让学生自主探究"要看一个图形向哪个方向平移了几格，要先找什么，再数什么"，学生给出了不同的答案，这时我不急着评价，而是引领学生通过动手操作去寻找正确的答案：看一个图形向哪个方向平移了几格，可以看图形间的对应点或对应边之间的距离。这样既充分尊重了学生的主体地位，又很好地培养了学生主动探究问题的意识。

# 有条理地分析问题

## ——“解决问题的策略（一一列举）”教学设计及反思

**【教学目标】**

1. 通过备学，激活关于一一列举的经验，为构建一一列举模型奠定基础。

2. 在解决问题的过程中，进一步感受一一列举策略的特点和价值。

3. 能从“需要解决什么问题”“如何解决这个问题”“这样解决对吗”“有什么收获和体会”等角度展开思考，关注解决问题的全过程。

**【教学重难点】**

1. 对问题进行分析，灵活应用一一列举的策略解决实际问题。

2. 能有条理地一一列举，发展思维的条理性和严密性。

**【教学过程】**

### 一、准备先行

（学生课前完成备学题。）

1. 用2，3，4这三个数能组成多少个不同的三位数？请你写出来。在写数的过程中，你有什么发现？

2. 在以前的学习过程中，我们用一一列举的方法解决过哪些问题？请举出三个例子。

3. 提出三个关于一一列举的问题在小组内讨论。

（学生独立完成备学题，教师根据学生的完成情况，进行教学的二度设计。）

【设计意图】学习任何知识，都会受已有经验的影响。就一一列举而言，学生之前已经接触过，虽然未必知道这一专业术语，但他们有通过一一列举解决问题的经验。备学题旨在激活学生的这种经验，为其进一步深入学习一一列举策略奠定基础。

### 二、经验共享

**1. 回忆**

师：我们学过哪些解决问题的策略？

（学生任意说，教师相机板书：列表、画图。）

2. **分享**

师：前几天，我们围绕解决问题的策略进行了备学，下面我们来分享备学成果。

（1）小组交流备学成果。

（小组交流，提炼出主要的发现和问题。）

（2）全班分享备学成果。

（小组汇报备学成果。）

师：用 2，3，4 这三个数能组成多少个不同的三位数？请你写出来。

（学生汇报。）

师：在列举过程中，你有什么发现？

（突出有序的思想，以及不重复、不遗漏的特点。）

（教师板书：有序。）

师：把所有可能的情况按照一定的顺序列举出来，从而找到问题的答案，这就是一一列举策略。（板书：一一列举）

师：大家想一想，我们以前还在哪里用到过一一列举策略？

（学生回答。）

师：关于列举，你还有什么问题呢？

（学生提问，教师根据学生的问题画出简单的思维导图。）

师：今天，我们要继续带着这些问题进行学习。

【设计意图】在基于备学的课堂上交流、展示十分重要。组内交流，旨在解决简单的问题，并提炼出主要的发现和问题在班级交流。学生对一一列举这一策略虽有些了解，但不深入，心中定会存在疑问，让学生提出问题并带着问题去学习，能激发学生的探究兴趣，提高课堂教学效率。

## 三、问题探究

师：最近，羊村要举行运动会。（播放动画片《羊羊运动会》）

（出示问题：慢羊羊村长要用 18 段 1 米长的栅栏围一个长方形休息场地，怎样围面积最大？）

师：解决问题需要一些方法，也需要一定的步骤。看到问题后，我们首先要分析已知条件和问题，梳理解决问题的思路，然后再尝试解题。［板书：分析、梳理（设想）、尝试］

1. **小组研究**

根据研究单的提示，小组合作，共同解决问题。

| 研究单 |
|---|
| 分析：根据已知条件和问题，你能想到什么？ |
| 设想：你打算怎样解决这个问题？ |
| 尝试：列举出长方形的长和宽，再找出面积最大的长方形。 |

2. **交流展示**

（小组派代表上台交流，其他学生补充或提问，教师点拨，不断完善。）

（1）分析：根据已知条件和问题，你能想到什么？

生：长方形的周长是 18 米，长与宽的和是 9 米，围成的长方形的长和宽都是整米数。

（2）设想：你打算怎样解决这个问题？

生：可画出不同的长方形，再分别求出它们的面积。

生：也可以先求出长方形的长与宽的和，再通过列举求出不同长方形的面积各是多少。

（3）尝试：列举出长方形的长和宽，再找出面积最大的长方形。

（学生所用的方法有画图、列表或数的分成等。）

师：这样列举有遗漏、有重复吗？你对这样列举有什么想法？

【设计意图】在对比中突出有序思想，使学生体验一一列举的价值。

3. **课件演示慢羊羊村长操作小棒一一列举的过程**

师：解决问题的时候，我们往往需要综合运用一些策略。一一列举策略有什么优点呢？

（教师再次强调有序、不重复、不遗漏。）

4. 你的选择

师：如果你是慢羊羊村长，你会选择哪种方案？为什么？

（学生计算4个长方形的面积，并比较。）

师：一一列举后，要对结果进行比较，这样才能做出选择。可见，一一列举能帮助我们进行决策。（板书：决策）

师：观察围成的长方形的长、宽和面积，你有什么发现？

（学生讨论。）

总结：在周长相等的情况下，长和宽相差越大，它们的面积就越小，长和宽相差越小，它们的面积就越大。

师：如果把这道题改成"用18米长的栅栏围一个方形休息场地，怎样围面积最大"该怎么求？

（学生讨论得出：在这道题里，周长相等时，正方形的面积最大。）

5. 谈体会

师：回顾解决问题的过程，你有什么体会？

生：有些实际问题可以通过列举来解决。

生：按一定顺序列举，能做到不重复、不遗漏；最重要的是要学会对列举的结果进行比较，并做出选择。

师：一一列举很重要，它能帮助我们做出决策。解决问题一般要经历分析—梳理（设想）—尝试的过程，按照这样的过程解决问题，就能做到快捷而高效。（板书：回顾）

【设计意图】在羊羊运动会的情境中呈现要研究的问题，激发了学生的学习兴趣。在帮助慢羊羊村长解决问题的过程中，学生进一步感受到一一列举策略的特点和价值。此处教师不仅要引导学生掌握一一列举这一策略，而且要引导学生从"需要解决什么问题""如何解决这个问题""这样解决对吗""有什么收获和体会"等角度展开思考，使学生关注解决问题的全过程，从而使学生在掌握策略的同时，提高解决问题的能力。

## 四、巩固强化

1. 关于赛程问题

师：准备工作做好了，羊羊们还关心各项比赛的时间是怎样安排的。

课件出示：羊羊运动会每隔一段相等时间就会安排一场比赛。已知上午9:00、9:40、10:20和11:00有比赛，那么下面哪些时刻也有比赛？

①13:00　　②14:40　　③15:40　　④16:00

（根据研究单上的研究思路，同桌一起研究；学生交流解题思路，生生互评；师生共同回顾解题思路。）

2. **关于投掷问题**

师：紧张的比赛开始了，我们一起去看一下吧！（呈现投飞镖画面）

（出示比赛规则：投中内圈得10环，投中中圈得8环，投中外圈得6环。）

师：喜羊羊投中两次，可能得多少环？

（学生列举所有可能的情况，并汇报交流。）

（邀请3位同学投掷飞镖，体验以下几种投掷情况：2次投中不同环、2次投中同一环、1次投中1次未投中。）

师：在解决这个问题的过程中，你有什么体会？

（学生讨论得出：先分类，然后一一列举，最后进行分析选择。）

【设计意图】练习仍是在羊羊运动会的情境中进行的，第一题重在突出先找规律再列举，第二题重在突出先分类再列举。学生通过练习，掌握了解决问题的方法。

**五、拓展提升**

师：今天这节课你有什么收获？还有什么问题？

（学生分享收获，提出问题。）

师：羊羊运动会仍在如火如荼地进行着，懒羊羊已经投掷了两次啦，可能出现什么情况？懒羊羊可能得到多少环呢？同学们可以运用今天学的解题策略探寻答案。

【设计意图】该环节，并不仅仅局限于对知识的梳理，更重在鼓励学生提问，让学生带着问题走出课堂，以激活学生后续研究的热情。

**【教学反思】**

本课教学的目的不仅在于使学生找到问题的答案，还在于让学生形成解决问题的策略和能力。让学生经历策略的形成过程，是解决问题教学追求的重要目标。本课教学有以下几个亮点。

1. 通过备学激活相关经验

学习任何知识，都会受已有经验的影响。就一一列举而言，学生之前就已经接触过，虽然未必知道这一专业术语，对策略的认识也处于潜意识阶段，但他们有这方面的认识和经验。课前我设计的备学题激活了学生关于列举的经验，为其深入学习一一列举策略奠定了基础。

2. 亲历建模过程，加深对策略的理解

让学生亲历将实际问题抽象成数学模型的过程，能帮助学生更好地理解策略。在教学一一列举策略时，我创设了羊羊运动会的情境，随着对休息场地、赛程安排、投掷飞镖比赛等问题的深入研究，学生所遇到的问题的类型在不断变换，而解决这些问题的策略却始终如一——一一列举策略，区别只在于有些是先找规律再列举，有些是先分类再列举。列举策略的模型越发凸显，学生对策略的理解也越来越深。

当然，这节课也有一些令人遗憾的地方。让学生经历一一列举策略的探索过程，花费了大量时间，使得练习的时间明显不足。怎样处理好过程和结果的关系，是我今后要重点研究的问题。

## 掌握规律更简便

——"分数四则混合运算"教学设计及评析

**【教学目标】**

1. 理解并掌握分数四则混合运算的运算顺序，并能按运算顺序正确进行计算。

2. 在理解分数四则混合运算的运算顺序以及应用运算律进行分数简便计算的过程中，提高观察、比较、分析和抽象概括的能力。

3. 积累数学学习经验，培养数感，体会数学学习的严谨性和数学结论的确定性。

**【教学重难点】**

掌握分数四则混合运算的运算顺序，并能按运算顺序正确进行计算。

【教学过程】

## 一、备学题中，发现问题

1. 用你喜欢的方式完成下面两道题。

（1）编制一个小中国结要用 4 分米彩绳，编制一个大中国结要用 6 分米彩绳。两种中国结各做 18 个，一共用彩绳多少分米？

（2）编制一个小中国结要用 0.4 米彩绳，编制一个大中国结要用 0.6 米彩绳。两种中国结各做 18 个，一共用彩绳多少米？

2. 你能再编一道和上题意思相同的有关分数的题吗？

3. 将你的发现和问题写在记录本上。

【设计意图】结合学生的生活实际设计备学题，有助于学生理解整数、小数和分数之间的联系。

## 二、小组讨论，提出问题

1. 组内交流。

2. 小组代表进行全班交流。

（1）备学题第 1 题，学生口头列式，每一小题都产生了两种列式方法。如（4＋6）×18 和 4×18＋6×18。

（2）提问：两种方法，哪一种计算更简便？为什么？

（学生讨论。）

3. 小结：整数、小数四则混合运算的运算顺序都是先算乘除法，再算加减法，有括号的先算括号里面的；可以使用运算律使计算更简便。

4. 交流备学题第 2 题和第 3 题。

就题目“编制一个小中国结要用（　　）米彩绳，编制一个大中国结要用（　　）米彩绳。两种中国结各做 18 个，一共用彩绳多少米”进行分析。

【设计意图】让学生在组内初步讨论具有共识的问题，不能取得共识的问题，留待全班讨论。让学生在交流、分享中进行思考，增长知识。

## 三、自主合作，分析问题

1. 依次出示学生自主编题列出的不同算式。

（1）$\frac{2}{5}\times18+\frac{3}{5}\times18$　　　　（2）$(\frac{2}{5}+\frac{3}{5})\times18$

2. 交流两种算式的不同思路，并说出列式的理由。

明确：在一道有分数的算式中，含有两种或两种以上的运算，我们称之为分数四则混合运算。

3. 学生尝试计算。

(1) 提问：根据我们学过的整数、小数四则混合运算的计算方法，想一想，分数四则混合运算的运算顺序是怎样的?

(学生讨论。)

明确：分数四则混合运算的运算顺序和整数、小数四则混合运算的运算顺序相同。

(2) 指名学生板演。

4. 小组交流算法，理解顺序。

(引导学生结合具体问题情境说运算顺序，说清先算什么，再算什么。)

小结：分数四则混合运算的运算顺序与整数、小数四则混合运算的运算顺序相同，也是先算乘除法，再算加减法，有括号的先算括号里面的。

【设计意图】结合学生的生活经验，利用学生已有的关于整数、小数四则混合运算的知识经验，引导学生自主学习、体会分数四则混合运算的运算顺序，体验数学知识的内在联系，为新知识的学习打下坚实的基础。

**四、顺向迁移，解决问题**

1. 如果让你选择，这两个算式你喜欢计算哪一个？为什么?

(学生通过计算明确了第二个算式中括号内的和是整数，所以计算时比较简便。)

2. 这两种算式有什么联系?

学生通过比较得出：两种方法从算式来看，其实是乘法分配律在分数四则混合运算中的运用。

3. 小结：整数的运算律对于分数同样适用。我们在进行分数四则混合运算时，要恰当地应用运算律使计算更简便。

4. 小练习：完成教材中的“练一练”。

指名板演，集体校对。校对时让学生说出运算顺序或简便计算的方法。

【设计意图】巧妙地将整数的运算律迁移到分数中来，让学生在自主探索后，充分观察，对比体验，最终通过思考，将新知识纳入已有的知识体系中。通过小练习及时引导学生巩固新知识，使学生加强了对运算的实际意义的理解。

**五、练习巩固，总结反思**

1. 你能编制两道分数四则混合运算题考考同伴吗？

（1）学生组内交换编制的分数四则混合运算题，并解答。

（2）全班交流。

2. 本节课你有哪些收获？还有哪些需要解决的问题？

（学生自由交流。）

【设计意图】学习运算不是单纯为了计算，而是为了解决问题。课的结尾让学生运用所学的知识进行分数四则混合运算题的编制，并考考同伴，不仅使学生对新知识的理解更为深刻，也使数学学习更具趣味性和挑战性。

**【教学评析】**（卢清荣）

分数四则混合运算是在学生已掌握整数四则混合运算和小数四则混合运算的运算顺序、会使用运算律进行灵活运算的基础上学习的内容。本节课旨在让学生主动将已有的整数、小数四则混合运算的经验、方法、技能等应用到分数四则混合运算中，形成小学阶段完整的数的运算结构。就其知识结构本身来说，分数四则混合运算属于程序性知识范畴，相对而言，学习的过程比较单调、枯燥、乏味。如何使学生学有兴趣、主动学习和学会学习是本节课要重点突破的问题。综观本节课教学，主要体现出如下特点。

1. 改“教学课堂”为“备学课堂”，激发学生的学习兴趣

美国心理学家奥苏伯尔说过：“影响学生学习的最重要的因素是学生已经知道了什么，我们应根据学生原有的知识状况进行教学。”《义务教育数学课程标准（2011年版）》中指出：“教师教学应该以学生的认知发展水平和已有的经验为基础。”因此，教师应重视帮助学生回忆与新知学习相关的已有知识经验。在该教学中，教师在上课之前让学生先备学，激发了学生的学习兴趣。首先，教师结合学生的生活实际布置关于整数、小数四则混合运算的备学题，激活学生已有的整数、小数四则混合运算的知识经验；接着，让学生自编分数四则混合运算题并提出发现和问题。发现问题、提出问题、解决

问题均由学生完成，有效激发了学生的学习兴趣。

2. 改"师生互动"为"生生互动"，培养学生的合作能力

小组合作学习是一种有利于学生主动参与学习的教学组织形式，因此，教师要多给学生提供合作学习的机会，让学生学会合作。在该教学中，教师多次给学生提供讨论、合作的机会，如备学题反馈时，让学生进行小组讨论；新知探究时，让学生尝试解决问题，小组交流算法。对新知的探究，需要经历一个从模糊到明朗的过程，学生在尝试独立解决问题时，要想使思维过程真正清晰化，就要进行小组讨论，学生在组内交流时说得越有条理，认知就会越清晰，在全班交流时表达才能更顺畅，才能提高语言表达能力。在该教学中，生生之间相互交流，拓宽了思路；练习巩固时，由学生自己出题，组内相互解答，这样的练习形式提高了练习的趣味性和挑战性，激发了学生的学习兴趣，培养了学生团结、合作、互助、竞争的意识。

3. 改"离散知识的助推"为"整体自然顺产"，培养学生的学习能力

知识如同散落在地上的一颗颗珍珠，它需要学生经历捡拾、梳理、穿串的过程，才能具有联系性、整体性。本课教材先呈现情境，让学生尝试解决问题，再让学生交流两种算法之间的联系，感知运算律在分数中的应用，进而得出"整数的运算律对于分数也同样适用"的结论。这样的教学是硬带着学生从分数路线切入整数轨道，难免有些生硬。在本课教学中，教师以解决整数、小数四则混合运算的实际问题为起点，巧妙地把 0.4 和 0.6 转化为分数，让学生看到的是结构相同的数学原型，使学生将在小数四则混合运算中运用的运算顺序和方法，自然迁移到分数的四则混合运算中，整数、小数、分数四则混合运算的联系性"自然顺产"。

本节课还有许多值得学习的地方，但也有些需要改进的地方，在此提出一点建议。

该教师通过备学题，将学生的视线引到了四则混合运算的顺序和乘法分配律的应用上，忽视了其他运算律的教学，这样的设计不够开放，备学题的设计应能给学生提供更多的思考空间。

可以设计如下备学题。

1. 以整数、小数为例，说说四则混合运算的运算顺序。

2. 猜想运算律还有哪些应用范围，提出自己的发现和问题。

这样的备学题，一方面能引导学生回顾运算律的特点，另一方面能展示学生的个性。

## 复习课也可以上得精彩

——“平面图形的面积”复习课教学设计及评析

执教教师：范雪梅

**【教学目标】**

1. 整理六种平面图形的面积计算方法。

2. 通过复习，系统整理知识，促进认知结构的完善。

3. 学会用联系和转化的思想解决数学问题。

**【教学重难点】**

重温各种平面图形面积计算公式的推导过程。

**【教学过程】**

### 一、复苏迎阳，激活意向

绿树课堂是学生如小树成长的课堂。课前具有开放性、思考性、讨论性的备学题，激活了学生的创造性思维，犹如绿树复苏，舒展枝叶，迎接朝阳，做好了成长的准备。备学题激活了学生学习的意向场。

备学题如下。

1. 回忆已经学过的平面图形面积计算公式以及它们的推导过程，并将梳理的内容以知识树的形式呈现，比比谁的表达最棒！

2. 思考这些平面图形的面积计算公式的推导过程有什么共同点。至少挑选两种平面图形，制作学具，准备在课堂上展示其面积计算公式的推导过程。

3. 假如你是数学考试的命题老师，现在你准备在试卷中加入两道具有挑战性的关于求平面图形面积的试题，你准备挑选怎样的题目？试试看，出两道题，并写出你的命题理由。

4. 小组讨论时你准备提出哪三个问题？

### 二、光合作用，生成问题

学生备学就像叶片进行光合作用，需要积极思考，发现冲突，提出问题。在基于备学的复习课上，学生定会生成新的问题，这些问题需要学生讨论解决。通过备学生成的问题是绿树成长的开始，提炼共性问题犹如光合作用，是绿树成长的能量源泉，问题场由此产生。

1. 启课：复习平面图形的面积计算公式。

2. 通过大屏幕展示学生在备学中形成的知识树，全班欣赏并进行评价。

3. 关注知识树上的 8 条连接线，由 8 个小组各选一条进行汇报。

### 三、雨露滋润，讨论连接线

课堂讨论是绿树获得营养的成长活动，如同雨露滋润。每个学生的问题不尽相同，一般的问题可在交流讨论中解决，讨论解决不了的共性问题，教师利用学生备学带来的资源引导学生解决，情景场由此产生。

1. 小组擂台赛的要求。

一组学生汇报后，其他小组及时评价。说说好的地方，再补充自己的想法或者提出问题。凡是能说出有价值的想法、提出有价值的问题的学生，不管其想法和问题的对错，都可以为自己的小组夺得一面小旗。最后，比比哪组学生最爱思考。

2. 组织擂台赛，学生汇报 8 条连接线，沟通知识之间的联系，深化对知识网络的认识。

### 四、枝干成长，完善建模

虽然树的枝干生长很慢，但每天都会生长一点点。课堂学习在学生头脑中留下的长久"印记"——思维方式也在慢慢成长。在复习课中，学生在小组中交流、讨论，掌握了运用转化策略解题的规律。学生发言就像枝干在比试力量，教师现场备课，组织学生展示不同的思维类型，构建解决问题的情境场。在学习情境场中，师生共同解疑，进一步完善已经具有的有关平面图形的思维模块。这个过程是问题场和情境场以及意境场的层叠交互，在这一过程中小绿树的枝干正在茁壮成长。

1. 学生展示在备学中出的题目，小组讨论。

2. 小组交流。教师抽签，抽到哪个小组，哪个小组就派代表来说说思考过程。

**五、青翠欲滴，应用作业**

学生打开思维获得新思维模块就像小树又冒出嫩芽，青翠欲滴。课堂小结、拓展练习，就像是为小树输送的营养。在课堂教学中，新旧知识、技能、智力、情意及观念的融合，使学生完善了自己的思维模块。学生没有聪明与愚钝之分，只有个性的不同。要让学生敢于展现自己是个性，默默沉思是个性，反应敏捷是个性，谨慎踏实是个性……在绿树课堂中，每个学生都能做一棵有个性的小树！

1. 交流备学，说说生活中有关面积的实际问题。

2. 解决实际问题。

(1) 在养殖基地，指导老师把一只羊拴到一块正方形草地的一个顶点上，正方形的边长和拴羊的绳长都是 4 米，这只羊最多能吃到多少平方米的草？

(2) 要是把羊拴到这块草地的中心点上，正方形的边长不变，拴羊的绳长只有 2 米，羊最多能吃到多少平方米的草？

(3) 如果指导老师又牵来一只羊，将两只羊各拴在这个正方形一组对边的中点吃草，拴羊的绳长均为 2 米，它们一共能吃到多少平方米的草？

(4) 如果将这两只羊各拴在正方形的两个顶点上吃草，拴羊的绳长均为 4 米，那么它们能共同吃到的草的面积是多少？

**六、储存能量，孕育意向**

在绿树课堂的学习活动中，“五场”层叠、镶嵌、交互、融合，学习就这样头尾相接，循环或螺旋上升着，就像绿树一天天成长着。绿树课堂是一段充满个性、问题与智慧，学生敢想敢做，活力无限的数学学习旅程！

1. 课堂小结。

2. 布置下一节课的备学题。

**【教学评析】**（汪小波）

如果说新课的教学是“画龙”，那么复习课的教学则是“点睛”。复习有利于学生巩固、归纳数学基础知识，提高分析、解决问题的能力。在该复习课中，范雪梅老师有效地整合多种教学资源，推陈出新，精心创设了多种活动情境，将复习内容与生活情境、学生探究巧妙结合，实现了学生创新思维的培养、数学能力的发展，使课堂焕发出生命的活力。

1. 创设有效的学习环境——活

苏霍姆林斯基说过："只要抓住了学生的心，他们就会更加迫切地想要知道、思考和理解。"所以说，良好的学习环境犹如一块磁石，深深地吸引着学生，能使学生主动地参与到学习活动中去。在本节课教学中，范老师创设了许多有效的学习环境，如自主整理知识树、相互交流复习收获、计算羊能吃到的草的面积，活动中范老师退到幕后，将探究的时间和空间都交给了学生，让学生自己想、自己画、自己做、自己说，手、脑、口并用。如此生动的课堂充满着生命的活力，学生在答疑解惑中激发了兴趣、巩固了所学知识、发展了思维、提升了能力。

2. 内化深刻的学习体验——实

基础知识贵在求联，基本技能贵在求通。复习本身就是一个"串点成线"的过程。这一过程实质上是学生对书本知识系统内化的过程，也是师生有效互动的过程。课前，范老师放手让学生自己整理有关平面图形面积计算公式的推导过程，并让学生根据理解画出知识树，使学生在思考与回顾中，自觉运用了已有的知识，将各个知识点激活，让知识间不断产生新的连接，进而完成了对整个知识网络的新的构建。这样深刻的学习体验，远比反复背公式、做练习要有效得多，能帮助学生形成良好的认知结构。

3. 把握动态的生成资源——新

新课程的实施，为高效课堂的构建和有效教学的落实提供了理论支撑和评价标准。高效而灵动的课堂，必须是预设和生成的完美结合。本节课中，有关平面图形的面积计算公式是可以死记硬背的，但其推导过程却无法死记硬背，充满着数学思想和解决问题的策略。范老师认真聆听每一位学生的发言，及时捕捉课堂上出现的生成性资源，并适时引导，或微笑鼓励，或故作疑惑，或抛砖引玉，或精辟点评。她的一言一行充满着教师对学生的尊重，一举一动体现着教师对教学内容的准确理解和把握。

当然，本节课除了"活""实""新"这三大特色外，范老师独特新颖的教学设计、亲切自然的教学语言无不以生为本，时刻关注学生的心理活动。今后，我在课堂教学中也要更加关注学生的学习心理，遵循学生的心理发展规律，开展有效、有意义的学习活动，使教学更高效！

# 第四章

## 学为主导，当今教学的必然趋势

教学是关于学生学习的一种实践活动。显然，教学是基于学生学习的，离开了学生的学习，教学就缺乏了它应有的意义和价值。

学为主导，即以学生的学习为主导。我们提出这一观点，是有理论依据的。教学过程的本质是学生的学习过程，教师的教是为了实现学生的学。德国哲学家海德格尔指出，教学的本质就是“让学”。“让学”就是让学生学，就是教会学生自己学习，这也体现了学为主导的理念。日本学者佐藤学也认为，教学是关于学生学习的一种实践活动。显然，教学是基于学生学习的，离开学生的学习，教学就失去了它应有的意义和价值。可见，学为主导是当今教学的必然趋势。

在学为主导的课堂中，没有纯粹的教师和学生，师生身份将发生本质性的变化，教师可成为“大同学”，学生亦可成为“小老师”。具体而言，学为主导就是教师和学生在课堂上协同合作，共同围绕核心问题开展探究学习，在单位时间内解决问题，进而达成学习目标，促进师生共同成长。在教学关系方面，师生之间不再是传授和被动接受的关系，而是合作学习，共同构建知识、发展能力的关系。

叶圣陶先生提出：“教是为了达到不需要教。”“教是为了达到不需要教”，不是不需要教师的教，而是教师要提供条件和支持，让学生更好地学，通过学生的自主学习间接达到教的目的。要达到不教，教师要深刻领会教的真谛，要不断思考：教是什么？怎么教？为什么教？厘清了这些问题，教师才能有效把握教和学的平衡点。课堂上，学生能自主学会的教师坚决不教，学生学习有困难时，教师要巧妙地点拨。不教之教其实是更高明的教，这种教超越了传统意义上的“手把手”，是以学促教，能极大地调动学生的学习热情。

正如苏联教育家赞科夫所言：“教学要走在发展的前面，引领学生发展，引领学生创造。”我们认为，教师的教一定要“高于”学生的学，因为教师教的内容不局限于知识、技能，还有理念、文化、智慧。在教学中不断历练，教师才可能形成自己的教学风格，才能以高水平的教引导学生高质量的学，这是教师应该追求的教学的最高境界。

学为主导的课堂，将学习放在突出地位，紧紧围绕学生的学习状况展开教学，教师通过让学、导学，使课堂充满灵气，这样的学习环境，能让每个学生的生命都绽放精彩。

## 第一节　现状搜寻：名师课例呈现

### "简约"背后的"不简单"

——特级教师许卫兵"小数的认识"教学片段及赏析

有幸聆听了特级教师许卫兵的精彩报告《"简约数学教学"研究的思与行》，心里萌生出对简约课堂的无限向往。通过许卫兵老师精彩的课堂演绎，我对"简约数学教学"有了更深的理解。

简约的数学课堂就只是让数学学习变得简单吗？在"小数的认识"这节课中，许老师对"简约"进行了最好的诠释，使学生在科学、有序的活动中，真正学习到了"有价值的数学"，获得了"必需的数学"。许老师点拨于即时处，引领于无痕间，让学生在创设的情境中自主完成了对新知的构建。下面我们一起欣赏其中一些精彩的教学片段。

**【片段一】**

师：我在超市买了一些东西。

（出示美工刀、铅笔、橡皮等。）

师：其中，铅笔用了 0.4 元，知道这是什么数吗？

生：小数。

师：你怎么知道它叫小数？

生：老师以前提到过。

生：爸爸妈妈也提到过。

师：会读吗？

生：零点四。

师：有人说小数非常好认，因为小数长得很特别。

生：数中有一个点。

师：这叫什么点？

生：小数点。

师：每个小数都有小数点。（板书：小数点）

师：0.4 元是多少钱？

生：4 角。

师：4 角。（板书：4 角）比 1 元多吗？

**【赏析】**充分利用学生已有的知识和经验，让学生贴近生活学数学，很巧妙地引出了新知——小数，极大地激发了学生的学习兴趣和探究新知的欲望，让学生真正体会到生活中处处有数学。

**【片段二】**

师：如果我把这个长方形看作 1 元，你知道在这个“1 元”里怎样表示 0.4 元吗？拿出作业纸，在上面表示出来。

（学生操作，教师巡视。）

师：大家可以相互讨论一下。谁来介绍一下？

生：我先把它平均分成十份，然后涂其中的四份。

师：为什么平均分成十份？

（学生回答。）

师：有没有不一样的方法？

生：她分成了方块，我分成了长条。

师：有相同点吗？

生：都是分成十等份，涂其中的四份。

师：和他们的想法一样的同学请举手。（学生举手）大家都是将它平均分成十份，涂了其中的四份。

师：简单吗？这种方法在学习什么的时候用到过？

生：分数。

师：你是不是想到哪个分数了？

生：$\frac{4}{10}$。

师：原来 0.4 跟$\frac{4}{10}$表示的意思一样。0.8 元如何表示？如果还将这个长方形看作 1 元，你能表示 0.8 元吗？不用动笔，动嘴吧。

……

**【赏析】**让学生在作业纸上自主表示出“0.4 元”，实际上是让学生通过直观操作初步感知小数的意义，使其自发进入探究新知的第一阶段，进而有效地突破“认识一位小数”的教学难点。对学生不同的表述，许老师机智地进行了引导，将 0.4 和$\frac{4}{10}$进行了新旧知识的对比和连接。

**【片段三】**

（出示米尺。）

师：现在我们用米尺来量这三根彩带的长度。先量第一根彩带，怎么表示它的长度？

生：$\frac{1}{10}$米，0.1 米。

师：再量第二根彩带，怎么表示它的长度？

生：0.9 米。

师：再量第三根彩带，超过了 1 米，怎么办？

生：再拿一根米尺。

师：还有其他方法吗？

生：我觉得可以在彩带 1 米处画上记号，再量余下的部分。

师：我们先量 1 米，做个记号，再量余下的。（课件演示）整根彩带多长？

生：1.3 米。

师：可不可以再接一根米尺量？

生：可以。

（教师课件演示。）

师：如果两根米尺不够，可以用三根米尺，在数学上可以表示得再简单些。怎么表示这个过程？

（用数轴图表示。）

师：这种方法好不好？线段上出现了 0，1，2，3 等数，这就是自然数，将两个自然数之间平均分成十份，就出现了小数。

**【赏析】**许老师尊重学生的独特体验，不仅使学生对 0.1 米、0.9 米有了初步的认识，还及时将学生的思维引向更深处“超过了 1 米，怎么办”，给学生提供了较大的思维空间，使学生在解决问题的过程和方法上，拓展了思路。

【片段四】

师：你们在生活中见过小数吗？

生：在超市里见过。

生：在文具店里见过。

师：还有哪些地方有小数呢？

生：菜的价钱。

师：仅仅是价钱里有小数吗？

生：千克和克里也有。

师：重量里也有。

师：世界上最小的鸟是蜂鸟，它约有多重？

生：1.8 克。

师：乘车时，1.2 米以下的儿童免票，1.2 米至 1.5 米的儿童半票，1.5 米以上的儿童全票。小芳身高 1.4 米，应该怎样买票？

（学生回答。）

**【赏析】** 对新知的学习需要建立在一定的知识经验基础之上。许老师充分利用学生的生活经验，提炼出新知的生长点。通过寻找生活中的小数，以及对乘车规则的理解，学生将所学的知识与实际生活紧密结合，很好地构建了新知。

【片段五】

师：（出示靶牌）谁来玩这个游戏？

（学生玩，中 9.4 环。）

师：谁再来玩？

（学生玩，中 8.7 环。）

师：谁再来玩一次？

（学生玩，中 9.3 环。）

师：谁的成绩最好？

生：无双的成绩最好。

师：他比第二名多了几环？

生：0.1 环。

师：不要小看这0.1环。2008年，邱健就是以0.1环的优势获得了北京奥运会射击男子50米步枪三姿冠军。2004年，雅典奥运会上刘翔以12.91秒夺得冠军。这个12.91秒和刚才提到的小数一样吗？

生：刚才提到的小数小数点后面都只有一位数，12.91的小数点后面有两位数。

师：这叫两位小数。

师：为什么芭蕾舞演员跳舞时要踮起脚尖？

生：为了减轻重量。

生：为了增加美感。

师：为什么踮起脚尖会好看？我们从数学角度来看一看？（课件演示）踮起脚尖能让人的身材比例看上去更接近黄金比例（黄金比例的比值约等于0.618）。

**【赏析】**许老师贴近生活教数学，真正体现了数学学习生活化、生活问题数学化，培养了学生的应用意识，提高了学生解决实际问题的能力，提升了学生的数学素养。

**【总析】**

1. 起点于“简约”

数学课堂不是学生对教师所授知识的被动接受，而是学生以已经具备的知识和经验为基础的主动构建。这是建构主义理论的精辟观点之一。许老师的课堂是从学生熟悉的学具价格开始的，这简约的情境绝不简单，其意蕴深刻。知识生长点，有时未必要“浓抹”，“淡妆”或许会更适宜。

2. 导学于“无痕”

奥苏伯尔指出，影响学生学习的最重要的因素是学生已经知道了什么，我们应根据学生原有的知识状况进行教学。学生从认识简单的0.4元开始本节课的学习，这也是许老师着力表现的内容。“0.4元是多少钱？”“比1元多吗？”在这两个问题的引导下，学生就像来到了高速公路口一样，即将开始愉快的数学旅程。有了前面对0.4元的认识的铺垫，学生对0.8元的认识就显得更轻松了。“如果还将这个长方形看作1元，你能表示0.8元吗？不用动笔，动嘴吧。”这个问题意在引导学生由思考过渡到语言描述。

最终，学生自主探索出“一位小数用分数表示是十分之几”这一知识点。从“稍稍扶起”的“0.4 元”到“半扶着”的“0.8 元”再到“放手”的一位小数的探索，许老师是学生进行数学知识构建的促进者，让学生在轻松的环境中由“认识数学”过渡到“理解数学”。

3. 生成于“自然”

在许老师的课堂中，后一部分的知识总是对现时学生的最近发展区的延续和发展。当下的学习内容，适时、巧妙地为知识的有效生成做好了铺垫。

许老师引导学生认识了数学中的一位小数后，又带着学生走进生活去寻找小数，使学生了解了世界上最小的鸟的重量和乘车规则，进而带着对刘翔的崇拜进入了两位小数的世界。接着，许老师由一位舞者的优美舞姿引出了“0.618”这一黄金比值，在教者有心、学生无意的情况下，促成了知识的自然生成，关注了学生的可持续发展，使课堂彰显着“简约数学”的多彩魅力。

简约的数学课堂必然是美丽的课堂，它是教师个性化教学思想光辉的折射，它是“简约而不简单”这句话的生动注解，它是学生在教师引导下进行自主学习的完美演绎……

“简约”的背后承载着“不简单”，简约是更深广的丰富，简约的课堂是凝练、清晰、深邃之后的有效、高效课堂。

## “朴实”成就学导课堂的精彩生成

——孙贵合老师“三角形边的关系”教学片段及赏析

我有幸参加了杭州“千课万人”小学数学学导课堂教学研讨观摩活动，在观摩活动中，孙贵合老师执教的“三角形边的关系”一课，在读懂学生的基础上，让学生在自主探索中形成了数学意识和实践能力。同时，孙老师鼓励学生释放个性，让学生逐步体验、感悟，进而培养了学生的创新意识，孙老师和学生一起在简单朴实中演绎出了“学导课堂”的精彩。现在跟大家分享几个精彩的教学片段。

**【片段一】**

师：谁围成了三角形请举手。哇！这么多同学都围成三角形了。是不是只要有三条线段，就一定能围成三角形？

（有学生小声说“不是”。）

师：谁没有围成三角形？没有围成三角形的同学汇报一下你的数据。（指名说）

（学生回答，教师记录：3 厘米、4 厘米、9 厘米。）

师：还有谁没有围成三角形？

（学生回答，教师记录：3 厘米、5 厘米、8 厘米。）

师：看来这几条线段不像刚才几位同学剪的线段那样好围成三角形，是不是这几组数据比较特别呢？

生：3 厘米加 4 厘米小于 9 厘米，所以围不起来。

生：我发现两条短的线段（3 厘米和 5 厘米）的长度加起来等于长的线段（8 厘米）的长度。

师：是啊，我们在观察的时候还要想一想，这一条是 9 厘米，另外两条加起来是 7 厘米，它们能围成三角形吗？

生：不能。

师：这一条是 8 厘米，另外两条加起来也是 8 厘米，它们能围成三角形吗？

生：也不能。

……

师：有时候眼睛会欺骗我们。（幻灯片放大线段接头处）看一看，它们之间连接在一起了吗？

生：差一点儿。

师：差一点儿，能不能围成三角形呀？

生：不能。

师：3 厘米、5 厘米与 8 厘米的三条线段围不成三角形，如果是 4 厘米、4 厘米、8 厘米的线段呢？（也不行）还有哪些线段也不能围成三角形？（2 厘米、6 厘米、8 厘米）还有吗？（1 厘米、7 厘米、8 厘米）

生：如果三条线段中，两条线段的长度加起来等于第三条线段的长度，那肯定不能围成三角形。

**【赏析】**维果茨基认为，教育对儿童的发展起主导作用和促进作用。他认为儿童的发展有两种水平：一种是现有的发展水平，一种是潜在的发展水平，两种水平之间的差距就是最近发展区。最近发展区孕育着儿童发展的可能性，所以教师应着眼于创造最近发展区，以加速学生的发展。

孙老师基于学生的最近发展区进行教学，意在唤醒学生原有的知识和经验。在一部分学生围成三角形后，孙老师不急于下定论，而是恰当地提出疑问："是不是只要有三条线段，就一定能围成三角形？"巧妙地唤出课堂的另一种声音（没有围成三角形）。由"3 厘米、4 厘米、9 厘米"一组不能围成三角形的数据，到"3 厘米、5 厘米、8 厘米"这组数据的分析，使学生初步明白了"两边之和小于第三边"和"两边之和等于第三边"的时候，不能围成三角形，之后通过一一列举引导学生对"4 厘米、4 厘米、8 厘米""2 厘米、6 厘米、8 厘米""1 厘米、7 厘米、8 厘米"三组数据进行思考，进而将学生的思维不断引向纵深，为后面继续探究、构建数学模型做了铺垫。

**【片段二】**

师：我还有一个疑问，都是用 16 厘米剪成的三条线段，只是长短不同，为什么有的能围成三角形，有的不能围成三角形呢？

生：我发现如果其中任意两条线段加起来比第三条线段长，这三条线段就能围成三角形。

师：那说"两条线段加起来比第三条线段长"就行了，为什么还用"任意"两个字呢？（板书：任意）

生：咱们来看这个例子（3 厘米、4 厘米、9 厘米），如果没有"任意"两个字，那么 $9+3>4$，这样来看这组线段就能围成三角形。但是 $3+4<9$，这样来看这组线段就不能围成三角形。

师：哪个同学支持他的观点，并能用一组线段来说明？

生：（选择 4 厘米、5 厘米、7 厘米一组线段）$4+5>7$，$7+5>4$，$4+7>5$，任意两条线段加起来都比第三条线段长，所以这组线段是能围成三角形的。

师：这就是你说的"任意"是不是？刚才咱们说到了"大于""小于"的情况，还有一种情况——两条线段的长度加起来等于第三条线段的长度，这种情况能围成三角形吗？

生：两条线段的长度加起来等于第三条线段的长度也不能围成三角形。（举例）

师：谁再来完整地说一说，什么情况下能围成三角形？

生：任意两条线段加起来比第三条线段长，就能围成三角形。

**【赏析】**"都是用 16 厘米剪成的三条线段，只是长短不同，为什么有的能围成三角形，有的不能围成三角形呢？""那说'两条线段加起来比第三条线段长'就行了，为什么还用'任意'两个字呢？"在课堂中，孙老师及时追问，使学生有更多的机会阐述自己的想法，从而使学生在表述观点和举例时多了几分自信。

"哪个同学支持他的观点，并能用一组线段来说明？""4＋5＞7，7＋5＞4，4＋7＞5，任意两条线段加起来都比第三条线段长，所以这组线段是能围成三角形的。"正是孙老师不断地追问，引发了学生的积极思考，使学生暴露了思考过程，展现了个性，才使学生的学习过程更加充满活力。学生思考着、探究着，孙老师适时引导着、点拨着，在这种氛围中，学生积极主动地对规律进行探索、验证、提炼和概括，经历了从感性认识上升到理性认识的过程。

**【片段三】**

师：我们来看一看这三条线段能不能围成三角形。（出示一组数据：10 厘米、5 厘米、8 厘米）

生：可以。

师：说说理由好吗？

生：10＋5＞8，5＋8＞10，10＋8＞5。

……

师：这三条线段能不能围成三角形？（出示一组数据：2 厘米、3 厘米、8 厘米）

生：不行，因为 2＋3＜8。

师：如果把 2 厘米去掉，那么咱们可以用一个数学符号 $x$ 来表示，你觉得 $x$ 是多少的时候三条线段能围成三角形？

生：5 厘米以上。

师：5 厘米以上都可以，那应该怎样表示呢？

（板书：$x>5$。）

师：咱们数一数符合条件的数好吗？

生（齐）：6，7，8，9，10，11，12，13……

生：不行！

师：大家数得好好的，你怎么喊“不行”了呢？你来说说。

生：3加8等于11，你们都数到13了，早超过11了。

师：你真棒！一开始我们只考虑到$x+3$要大于8，$x$在不断变化，一会儿它就变成什么了？

生：最大的数。

师：这时该考虑什么？（$3+8>x$）

生：$x$不能超过10。

师：同意吗？

生：不同意。10.9行不行？

师：能改一改答案吗？

生：$x$不能超过11。

（教师板书：$11>x>5$。）

师：看来错误有时候能帮助我们学到更多的知识。通过刚才的探究我们认识到考虑问题要全面，因为只有这样，才能使我们变得越来越聪明。

**【赏析】**叶圣陶先生曾说：“教师之为教，不在全盘授予，而在相机诱导。”在该教学片段中，孙老师教的过程就是帮助学生学的过程。在学生初步了解了三角形三边关系之后，教师没有随意地拔高，没有盲目地抽象，而是与学生进行了自然、真实的对话。“如果把2厘米去掉，那么咱们可以用一个数学符号$x$来表示，你觉得$x$是多少的时候三条线段能围成三角形？”“$x$在不断变化，一会儿它就变成什么了？”在孙老师层层深入的引导下，课堂上不断出现精彩的生成。此外，孙老师在培养学生空间观念的同时，随机渗透了区间、极限等数学思想，在教学数学基本知识的同时，让学生充分感受到数学学习的魅力与价值，更重要的是让学生获得了比知识更重要的数学思维能力。

**【片段四】**

师：［出示题目：三角形一条边的长为12分米，其余两条边的和为14

分米，这两条边的长度可以分别是（ ）分米和（ ）分米］谁来说说？

生：这两条边的长度可以分别是6分米和8分米。

（教师板书：6，8。）

生：可以是7分米和7分米。

生：可以是5分米和9分米。

师：大家越说越快，是不是找到什么规律了？

生：4分米和10分米。

生：3分米和11分米。

师：还有不同的答案吗？

生：2分米和12分米，1分米和13分米。

生：不行。

师：怎么了？你来说说理由。

生：我觉得1和13不行。因为1加12等于13，这样围不成三角形。

生：可是13大于12啊。

生：如果是1，12，13这组数据，1和12相加等于13，相等了，也就变成一条直线了。

**【赏析】**《义务教育数学课程标准（2011年版）》中指出：“评价不仅要关注学生的学习结果，更要关注学生在学习过程中的发展和变化。应采用多样化的评价方式，恰当呈现并合理利用评价结果，发挥评价的激励作用，保护学生的自尊心和自信心。”

在引导学生用一一列举的方法找答案时，学生找到了规律，越说越快，孙老师便巧妙地利用学生的思维定式进行“诱错”：“还有不同的答案吗？”轻松引导学生说出了“1分米和13分米”这个错误答案。此时，孙老师并不急于指出学生的错误，而是利用这一错误答案引出了学生的反对声音，在反对声中，孙老师巧妙地将评价的权利交给了学生，让学生在解释错误的同时，强化了正确的判断方式。此外，这一开放的练习，使学生的发散思维得到了锻炼，在“朴实”自然状态的引领下，成就了“学导课堂”的精彩生成。

## 学为主导，数学课堂之命意

### ——特级教师周卫东“找规律”教学课例及赏析

如今，我们最关注的是数学课堂中学生的“生长”，这样的“生长”一定是学生自己孜孜以求并乐于完成的，教师的教只是为学生提供“营养”。作为教师，既要尊重教育教学的规律，更要“顺木之天，以致其性”，以期实现学生生长方式的多样、生长状态的主动、生长过程的快乐。

在数学课堂中，是否能真正做到学为主导？周卫东老师提出“以研立学，因学而教”的教学主张，倡导筛选“最有价值”的知识、“最有力量”的思想，给学生留下“带得走”的东西。

周卫东老师在执教“找规律”一课时，在“学为主导”理念的指导下，引导学生以动态的、变化的、整合的眼光来看生活中的具体的排列现象，让学生在游戏中感悟规律、探索规律，在实际情境中运用规律，进而学会解决一些现实生活中的、富有挑战性的问题，使学生感受到“数学不是生硬枯燥的”“数学真好玩”。在该课教学中，周卫东老师真正做到了“以学定教”“以研立学，因学而教”。

一、课始魔术中，感悟规律

师：想看魔术吗？老师要表演一个魔术，这里有很多张扣着的扑克牌，你们拿起一张，老师能说出它是什么牌，你们相信吗？

（学生抽牌，教师猜，全部猜对。）

师：看出其中的奥秘了吗？

生：这些牌是按照一张梅花Q、一张方块J、一张梅花Q、一张方块J排列的。

生：后面还有好多张梅花Q和方块J。

生：梅花Q和方块J，两张一组按顺序排列。

师：是的。其实我们身边到处都有这样的排列现象。

**【赏析】**巧妙地运用魔术情境导入，通过师生之间的“你抽我猜”环节，让学生初步感悟到数学问题中蕴含的规律。

二、协同活动中，探索规律

1. 课件出示：兔子、蘑菇、兔子、蘑菇。

师：你能看出兔子和蘑菇是怎么排列的吗？如果按照这个规律，接下来该怎么排呢？

（学生说规律，并说接下来该如何排。）

课件出示：红花、蓝花、红花、蓝花。

师：接下去该怎么排呢？

（学生说。）

师：比较一下，第一行的排列和第二行的排列有没有相同的地方？把你看到的、想到的和同桌交流一下。

生：前一个物体和后一个物体不一样。

师：都有几种物体？

生：两种。

师：第一行有哪两种物体？这两种物体究竟是怎样排列的？

生：兔子和蘑菇。是按一只兔子、一朵蘑菇、一只兔子、一朵蘑菇的顺序排列的。

师：两种物体一一间隔排列，如果第一个"一"代表红花，第二个"一"就代表——

生：蓝花。

师：两种物体一一间隔排列，是一种有规律的排列现象，这种现象中是否还存在其他的规律呢？这节课，我们就来研究——找规律。（板书课题：找规律）

2. 利用图形、字母、符号，设计一种一一间隔排列的情况。

（学生自由设计。）

**【赏析】**"比较一下，第一行的排列和第二行的排列有没有相同的地方？"让学生在初步感悟数学规律的基础上，通过比较，试着用数学语言表述现象中的规律，引发学生萌生运用这种规律的欲望，为规律模型的形成做好了铺垫。

3. 师：我们已经认识了一一间隔现象，谁愿意到前面来给大家表演表演？按照一一间隔的要求站队。

师：先请两名男生和两名女生到前面站队。

生：女、男、女、男。

生：男、女、男、女。

师：如果增加一名女生（2 男 3 女），该怎么排列？

（学生思考，站队：女、男、女、男、女。）

师：在我们玩的第一轮游戏中，有几名学生？其中有几名男生，几名女生？（2 男 2 女）他们一一间隔排列了吗？

（学生回答。）

师：第二轮游戏中增加了一名女生，变成了几名男生，几名女生？

生：2 男 3 女。

师：一一间隔排列了吗？

生：一一间隔排列了。

师：如果再增加一名女生，变成了几名男生，几名女生？

生：2 男 4 女。

（上来一名女生，学生站队：女、男、女、男、女、女。）

师：一一间隔排列了吗？

生：没有。

师：现在我也加进来，变成 3 男 4 女，（站在了一名男生身边）一一间隔排列了吗？

生：没有。

师：我站在哪里才是一一间隔排列？

（学生指挥。）

（学生填表格。）

| 序号 | 第一种物体个数 | 第二种物体个数 | 能否一一间隔 |
|---|---|---|---|
| ① | 2 | 2 | √ |
| ② | 2 | 3 | √ |
| ③ | 2 | 4 | × |
| ④ | 3 | 4 | √ |
| | | | |
| | | | |
| | | | |
| | | | |
| …… | …… | …… | …… |

**【赏析】**通过师生共同表演一一间隔排列的现象，使数学问题一一暴露，引起了学生的思维冲突，进而使学生在冲突中找到解决问题的方法。周老师以看似简单的活动，再现数学场景，师生共同分享探索的快乐。学生在数学活动中运用规律解决了实际问题，既长知识，又长智慧。

4. 师：到底什么样的情况才能一一间隔排列呢？不着急，先想一下。想象下列每组的两种物体能一一间隔排列吗？选出其中的一组画图验证。

(1) 4 棵杨树，4 棵柳树。

(2) 5 朵红花，4 朵蓝花。

(3) 4 支铅笔，7 块橡皮。

(4) 100 个键盘，101 只鼠标。

师：用△、○分别代表一种物体，画图验证一下。

（学生活动、交流，继续填表格。）

| 序号 | 第一种物体个数 | 第二种物体个数 | 能否一一间隔 |
|---|---|---|---|
| ① | 2 | 2 | √ |
| ② | 2 | 3 | √ |
| ③ | 2 | 4 | × |
| ④ | 3 | 4 | √ |
| ⑤ | 4 | 4 | √ |
| ⑥ | 5 | 4 | √ |
| ⑦ | 4 | 7 | × |
| ⑧ | 100 | 101 | √ |
| …… | …… | …… | …… |

5. 分类。

师：能将表格中的这 8 种情况分类吗？一一间隔排列的情况是否又能分类呢？

（学生活动。）

师：谁愿意来分享你的智慧？

生：能一一间隔排列的分成一类，不能一一间隔排列的分成一类。

生：个数相等的分成一类，个数相差 1 的分成一类，个数相差大于 1 的分成一类。

生：能一一间隔排列的有 6 组。

师：经过讨论，我们知道了这 6 组都是能一一间隔排列的。这 6 组又可以分成两类：第一类，两种物体的数量相同；第二类，两种物体的数量相差1。

师：一一间隔排列除了这两种情况外，还有其他情况吗？两种物体的数量能相差2吗？

生：不能。

小结：一一间隔排列的两种物体的数量可分为两种情况：一种是数量相等，另一种是数量相差1。

师：刚才我们呈现了两种情况，你知道它们（△○△○△○；△○△○△○△）分别属于哪种类型吗？

生：头和尾一样，数量相差1；头和尾不一样，数量相等。

师：我不相信，你怎么证明给我看呢？

（学生到黑板上把每两个图形圈起来。）

师：我想带头给他鼓掌。这一个圆圈里面的两种物体是一一对应的，最后有一个没有对应的物体，所以两种物体的数量是相差1的。

（师生共同小结。）

**【赏析】**“到底什么样的情况才能一一间隔排列呢？不着急，先想一下。”作为学生学习的引导者，周老师注重让学生在观察、比较、归纳等活动中，用数学的眼光去寻找并发现规律，只在关键处予以适当的点拨。周老师为学生提供了活动的舞台，使学生在活动中积累了大量素材。周老师还及时调整学生学习的方向，引领学生从数学的角度去发现问题，经历将生活中的知识数学化的过程，体现了浓浓的数学味。

三、解决问题中，运用规律

师：这是我们已经认识的一一间隔排列现象，你能很快说出它们（见下图）中的两种物体是数量相等还是相差1吗？你是怎么知道的？

练习：

1. 马路边有 32 根电线杆，每两根电线杆中间有一个广告牌，一共有(　　)个广告牌。

2. 把一根木料锯 3 次，能锯成多少段？(用纸条代替木料演示过程)

如果要锯成 8 段，要锯多少次？(学生在黑板上画草图)

3. 这是小华和小明在手工课上做的珠串，请你判断一下，每串珠串上是黑珠多还是白珠多？

小华：

小明：

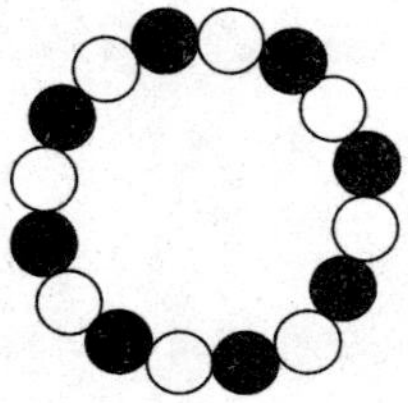

师：要解决这个问题需要先做什么？

生：化曲为直。

(课件演示，将小明的环形珠串化为直的。)

师：如果要用 10 颗红珠和一些蓝珠，制作一串一一间隔排列的珠串，需要多少颗蓝珠？

思考：钟声响 5 下用了 8 秒，响 10 下，要用多长时间？

四、全课总结中，深化规律

师：通过今天的学习，你有哪些收获？

(学生说收获。)

**【赏析】**学生寻找规律之后，能在实际情境中运用规律。周老师设计的练习很有层次感。第 1 题是对一一间隔两种排列现象的再现巩固，通过这一题，学生对一一间隔排列的两种物体的数量关系进行了区别。后几道题，让学生在动手操作中，通过分析比较、自主探索、小组合作等，依靠文字进行抽象思维，进而实现了高质量的教学对话，既使学生巩固了所学知识，又使学生发展了空间想象能力和推理能力。

## 第二节　审视当前：翻转课堂成为教学必然

### 活动单导学模式的尝试

——以“有余数的除法”的教学为例

活动单导学模式最初引进我的课堂时，我困惑着、思索着、徘徊着。通过不断地实践，我渐渐感悟到活动单导学模式的“生本魅力”。阅读了《人民教育》杂志中的“生本教育”实践专辑后，我对自己的实践有了更深入的思考。

**一、优质高效的活动课堂**

刚使用活动单导学模式进行教学时，总觉得耗时低效，学生的回答总与我的预设相去甚远，需要绕好几个弯才能使学生“步入正轨”，这种课堂怎么可能“教少学多”。这个问题一直困扰着我。“学生的全部既有经验、智慧、知识和学习的内在积极性都应当为教师的教学所用，应当成为动力之源、能量之库。”从郭思乐教授的这句话中，我清晰地认识到，在课堂中不需要进行太多过细的预设，学生的意外生成常常是课堂中最宝贵的资源。

如教学“有余数的除法”时，在“考考同伴”环节，高飞组给大家出示了这样一道题：有 35 颗草莓，平均分给第一组的 6 个小朋友，每个小朋友最多分到几颗？还剩几颗？

拼搏组 6 号：35÷6＝5（颗）……5（颗），每个小朋友最多可分到 5 颗，还剩 5 颗。

师：大家认为这样分公平吗？

小杰：很公平，是平均分的。

师：如果前面的条件不变，谁能换一个问题？

奋斗组 1 号：我能。有 35 颗草莓，平均分给第一组的 6 个小朋友，最少拿走几颗，才能刚好分给这些小朋友？

努力组 4 号：只要把刚才剩余的 5 颗拿颗走，就可以刚好平均分给这 6 个小朋友了。

师：如果我想把剩余的 5 颗全部分掉，还要做到平均分，可以吗？

团结组5号：把剩余的5颗分给除小龙外的其他5个人。

师：这样叫平均分给6个小朋友吗？

高飞组2号：不行，不能这样分，每人分到的草莓同样多，才叫平均分呢！

扬帆组1号：我有办法，我们可以再借一颗，这样就可以平均分给6个小朋友了。

师：这样的话，这道题又变成什么问题了？

扬帆组3号：有35颗草莓，平均分给第一组的6个小朋友，最少添上几颗，能刚好平均分给这些小朋友？

师：很不错，大家还有其他想法吗？

胜利组5号：如果我把我分到的草莓让给大家，其余的人每人可以多分到2颗呢！

师：瞧，这位同学真有奉献精神！这样你就把题目又变了一下，谁能说一说？

高飞组3号：有35颗草莓，平均分给第一组的5个小朋友，平均每个小朋友可以分到几颗？

在这样的课堂上，学生是欢快的、充满智慧的，学生从中获得了相关的知识、技能。我深信：课堂是活的，学生就是活的；课堂是充满智慧的，学生就是充满智慧的；课堂是充满灵气的，学生就是充满灵气的。

## 二、学为主导的生本课堂

刚刚接触活动单导学模式时，我觉得设计活动很简单，把教材上的例题、习题稍微改动一下，就形成了纸质的活动单。这样一来，虽然有了形式上的活动单，但实际上学生的思维还是被限制在教师给出的活动中，仍然是教师在牵着学生的鼻子走，这大大扼杀了学生学习的主动性和创造性，这只不过是表象上的生本课堂。

经过多次活动设计后，我渐渐悟出了一些道理。教师设计每一个教学活动都必须以学生的需要为依据，重要的不是活动本身多么完整，而是活动能否激发学生的潜能、引发学生的思考、促进学生的成长，换句话说，活动要以学为主导，以学生的学习活动主导教师的教学行为。这样的课堂才富有灵气，才能使学生充满激情、碰撞出智慧的火花。

我对以上教学进行了反思，其活动看似“高效”，但每个学生的思考不够，“生本”还有浮于表面之嫌。

因此，我重新进行了设计：有35颗草莓，平均分给第一组的6个小朋友，请每个同学设计三道不同计算方法的题目，并在小组内交流，比一比哪组的题目最有意思。

这样的设计，使每个学生都有了自主学习的时空。生本，应该是以每个学生为本。以学生的学习行为主导教师的教学行为的课堂必将呈现更多的精彩！

### 三、协同共进的活力课堂

实施活动单导学模式后，课堂上有了学生乐观、自信的笑容，有了学生的侃侃而谈，有了欢呼雀跃的激动情景。或许在课堂的某一处有一个“被遗忘的角落”——学困生，对学困生，教师需要给予特殊的辅导。课前的备学题给予适当“辅导”倾斜，课堂小组合作给予适当“点拨”倾斜，课后给予适当“小灶”倾斜，让他们有信心和勇气学好数学。这样他们也能在课堂上积极表达，与其他同学结伴共进。

根据学生的知识基础、学习能力、学习态度，我将全班分为九个小组，进行考核评比。为促进学困生的发展，我规定每组的学生按照1～6号进行编号，从小组长开始编号，把暂时落后的学生编在4～6号中，当然这绝非歧视他们，而是便于适当辅导。在汇报交流中，鼓励学生畅所欲言，1号回答问题加1分，2号回答问题加2分，依此类推，6号回答问题加6分。有了这样的规定，组长会努力团结每一位组员，尤其注重帮助4～6号组员，因为他们的回答分值很高。这样，在交流时，学困生会充满激情。有时，小组间会进行挑战，如果被挑战组答不上来，挑战组就可以进行补充，并获得适当的分值。学生互相补充、互相质疑、互相挑战，使课堂焕发着协同共进的生机和活力，课堂成了学生学习的乐园。

### 四、内涵丰富的拓展课堂

在实施活动单导学模式的课堂中，学生总希望尝试、创新，于是便有了课前的备学题，以使学生在"讲"前"练"，让他们能用自己的方式去解读教材。通过检查学生的备学题完成情况，教师能了解学生的实际情况，包括问题所在、一题的多种解法、各种隐形的错误，便于在课堂上以学定教。在课堂上，让学生基于备学题进行小组交流、全班交流，使学生在互相倾听、互相交流、互相讨论、互相质疑中一同成长。

一般来说，课堂的最后一个环节是"拓展延伸"，意在充分发挥学生的潜在能力，引领学生自主、充分发展。这一环节的流程一般是自主出题、交叉测试、小组交流、点拨提高。自主出题时，我们要求学生充分运用所学知识，结合自己的生活经验出题；交叉测试时，我们要求学生大胆发言；小组交流时，我们要求学生认真倾听，适时质疑；点拨提高时，由组长主持，主要解决小组中学生提出的一些普遍性问题。

课后，我一般只布置少许的必做题，更多的是鼓励学生根据自己的兴趣爱好和学习情况自主探究。这样，便能确保学困生掌握基础知识，确保"扶贫工程"落实到位；确保中等生在保底的基础上有所发展，力争"小康"；确保学优生更上一层楼，快速"致富"，使不同层次的学生都能在原有基础上得到发展。

教材解读中，学生尝试着、快乐着；拓展延伸中，学生行动着、前进着；课后探究中，学生创新着、享受着，这里只有思想碰撞的火花、体验成功的自豪、积极求进的热情。这样的课堂，为学生的可持续发展奠定了基础、积蓄了力量。

在以"生本"理念为指导的基于活动单导学模式的课堂里，我们不需要揠苗助长，我们只需要提供足够的养分，然后静静等待，守候每朵花儿的悄然开放。相信学生的潜力是无穷的，放开扶着他们的双手，让他们去体会自主的幸福。

## 浅析绿树课堂“六环三活动”

——以“混合运算”的教学为例

**【教学目标】**

1. 体会小括号在混合运算中的作用。

2. 初步理解、掌握含有小括号的混合运算的运算顺序。

3. 培养独立思考、解决问题的能力。

**【教学重难点】**

掌握含有小括号的混合运算的运算顺序。

**【教学流程设计】**

六环三活动：备学交流活动—释疑问难活动—应用总结活动

| |
|---|
| 复苏迎阳——个体备学 |
| 光合作用——小组交流 |
| 雨露滋润——释疑问难 |
| 枝干成长——组际挑战 |
| 青翠欲滴——应用完善 |
| 储存能量——总结启后 |

**【教学过程】**

### 一、“备学交流”中充实自我

1. **复苏迎阳——个体备学**

在绿树课堂中处于“六环”之首的是“个体备学”。备学不同于预习，预习是提前学习、预先学习；备学是准备学习，围绕新课内容收集相关资料，寻找社会、生活中的相关事物，发现和提出问题。预习更多的是就教材学教材，备学更多的是寻找更多资源，从而发现问题。这个过程，是培养学生创造性思维的重要过程。在“混合运算”这节课中，我设计了这样的备学题。

1. 阅读教材中的相关内容，找出生活中相关的例子，并编制成题目。

2. 试着计算你编制的题目，写出你的发现和问题。

好的备学题，能使学生在“讲”前“练”，用他们自己的方式去解读教材。

2. 光合作用——小组交流

在课堂中，学生就备学题互相交流、互相补充，并交流各自收集的学习资源；每个人都提出自己的问题，通过小组讨论解决部分问题，不能解决的问题，留着全班讨论。

## 二、“释疑问难”中完善自我

1. 雨露滋润——释疑问难

这里选两组进行展示。

（1）拼搏队展示。

一个书包 20 元，一本笔记本 5 元，用 50 元买 1 个书包后还可以买几本笔记本？

拼搏队 2 号：这道题分步计算比较简单，先用 50－20＝30（元）求出买一个书包后还剩的钱数，再用 30÷5＝6（本）求出还可以买几本笔记本。

拼搏队 4 号：老师说过，除法和减法在一起时要先算除法。这里怎么可以先算减法呢？

师：谁能做出合理的解释？（把问题抛给了学生）

高飞队 1 号：我想拼搏队 4 号可能被思维定式左右了，这里是分步计算，第一步算的是减法，第二步算的是除法。除法和减法在一起时要先算除法，那是指在综合算式里进行计算的情况。

拼搏队 1 号：这道题根据题意需要先算减法，后算除法，所以我们要给减法加上“小括号”，即（50－20）÷5。

拼搏队 3 号：本来除法和减法在一起，要先算除法，再算减法，但这里根据题意需要先算减法，再算除法，所以就得给减法部分加上一个“保护伞”，这个“保护伞”就是“小括号”。

拼搏队 1 号：以后遇到有小括号的题，都要先算小括号里面的，再算小括号外面的。

（2）胜利队展示。

学校体育组买来 4 筒羽毛球，每筒 12 只，一共花了 144 元，每只羽毛球多少元？

胜利队 2 号：我们可以根据“学校体育组买来 4 筒羽毛球，每筒 12 只”这两个条件，先求出买了多少只羽毛球，即 12×4=48（只），然后再求出每只羽毛球多少元，即 144÷48=3（元）。

胜利队 3 号：其实还可以列成综合算式 144÷12×4。

高飞队 2 号：不对，如果这样列式，就变成先算除法了，可是 144÷12 求的是什么呢？

师：刚才胜利队 3 号呈现了一个错误的综合算式，谁能稍微改一下？

胜利队 1 号：其实，他是丢了一个小括号。我们把小括号加上就可以了，变成 144÷（12×4）。

胜利队的发现：在综合算式中，需要改变运算顺序时，必须加上小括号。小括号有改变原来的运算顺序的作用。

在“释疑问难”环节，学生难免有不同的观点，有的甚至是错误观点。协同教育认为，课堂上学生没有错误，只有问题和学习资源。错误观点可能正是课堂学习活动中部分学生需要解决的问题，由此能激起大家的学习兴趣，引发讨论，成为宝贵的课堂学习资源。

2. **枝干成长——组际挑战**

高飞队出示挑战题。

先给下面的数字加上运算符号（+、-、×、÷），再说说运算顺序，并算一算。

16　2　4

胜利队 1 号：我认为，可以这样加运算符号：16+2-4，这道题只含有加、减法，要按照从左往右的顺序计算。

威武队 3 号：还可以这样加运算符号：16-2+4，也是按照从左往右的顺序计算。

灿烂队 2 号：我们这样加运算符号：16-2×4，这道题含有减法和乘法，要先算乘法，再算减法。

拼搏队2号：我们这样加运算符号：16÷2×4，这道题只含有乘、除法，也按照从左往右的顺序计算。

胜利队4号：其实，16÷2×4和刚才的16+2−4，还有16−2+4一样，如果在没有括号的算式里只含有加、减法，或者只含有乘、除法，就按照从左往右的顺序计算。

（讲台下掌声一片。）

高飞队3号：大家还可以把今天学习的小括号用上啊。

师：大家没有达到挑战队的要求，他们进一步提出挑战了。刚才都是复习的前两节课的内容，今天的内容谁来试试呢？

威武队2号：我们还可以这样加运算符号：16÷（2×4），要先算括号里面的乘法，再算括号外面的除法。

灿烂队1号：16−（2+4），先算括号里面的加法，再算括号外面的减法。

胜利队2号：16−（2×4），先算括号里面的乘法，再算括号外面的减法。

高飞队1号：我认为他说的计算顺序正确，但是这道题加括号和不加括号的运算顺序是一样的，都是先算乘法，再算减法。

拼搏队1号：不管怎样，小括号具有改变运算顺序的作用，含有小括号的算式，我们要先算小括号里面的，再算小括号外面的，但要注意不要"画蛇添足"哦！

胜利队2号：那我换一下，换成（16−2）×4，这就要先算括号里面的减法，再算括号外面的乘法了。

（自主纠错的能力很强！）

学生在"组际挑战"环节互相交流、补充，巩固了所学知识。在今天的挑战中，作为教师的我，变成了"看客"，只在大家"唇枪舌剑"，争论得不可开交时，适当引导、点拨，进而使生生、师生在交流中协同共进。在活动中，学生自由地互相质疑与对话，互相启发，使课堂产生了预设之外的精彩。

## 三、“应用总结”中提高自我

1. 青翠欲滴——应用完善

（1）比一比，算一算。

| | | |
|---|---|---|
| 90－40×2 | 350÷50＋20 | 72÷12×3 |
| ＝ | ＝ | ＝ |
| ＝ | ＝ | ＝ |
| （90－40）×2 | 350÷（50＋20） | 72÷（12×3） |
| ＝ | ＝ | ＝ |
| ＝ | ＝ | ＝ |

（2）解答问题。

平均每平方米铺了多少块地砖？

在“应用总结”环节，学生充分展示自己这节课的收获。学生完成练习后先在各小组校对。有些学生会产生错误，小组长将错误与全班同学分享。作为大树的教师要为小树营造良好的生态。植物都具有向阳性，为激励小树生长，大树要让出空间，让阳光照射小树，进而使小树茁壮成长。教师要引导学生对错误进行细致的分析，以激发学生的思考，让学生发现错误，并纠正错误，让差错资源最大化，让出现错误的学生在辨析中成长，获得学习的自信。

2. 储存能量——总结启后

师：今天我们学习了什么？混合运算是否只包含这些知识点？大家还想到了哪些问题？（学生自由回答）希望同学们继续学习和探索有关混合运算的知识，相信大家一定会有更多的收获。

让学生总结所学，使学生在交流与反思中意识到学习方式的重要性和数学内容的延续性，激发学生进一步探究知识的欲望。

在绿树课堂的“六环三活动”中，大树的根系发达，小树的根系交错。大树根系涵养的水源与养分，为小树吸收水分与营养提供了保障。每一棵小树生长需要的营养不同，大树都能满足。教师在课堂中，要充分尊重学生的个性差异，关注每一个学生的发展，让不同层次的学生都能享受到成功的喜悦，要使每一个学生的潜能都发挥出来：让学优生、中等生有思考的余地，有兴趣地学；让学困生在探究中、辨析中学，有信心地学。教师是学生学习活动的合作者、鼓舞者，协同者。在学习过程中，学生一直在教师的激励中成长。不管是学优生、中等生，还是学困生，在与教师的协同中，都能获得发展。

附录

## “小学数学顺应主体发展的课堂实践与研究”开题报告

### 一、研究背景

当前，教师依然处于教育的中心地位，学生的主体地位日趋削弱和异化，他们常常只是被动地配合或服从。在此背景下，教学既忽视了师生个体的多种需要与潜在能力，又忽视了师生群体的交互作用和创造能力。小学数学教学也同样存在诸多问题，教师主导作用的过度发挥，剥夺了学生个体的探索机会和创造机会。与此同时，教师唯教材、专家是从，甚至将“主导”变为“误导”，专业发展无意识或被动等现象也大量存在。基于此，我们确立了“十二五”教育科学规划课题“小学数学顺应主体发展的课堂实践与研究”，以期通过课题研究改善小学数学课堂教学现状。

### 二、核心概念及其界定

本课题的核心概念有三个：主体发展、顺应主体发展、课堂实践与研究，研究范围是小学数学教学。

#### 1. 主体发展

在教学中，教师或学生都可能是“教的人”或“学的人”，并互为主客关系。双主各自的客体又分为教育资源展示性客体与教育对象受教性客体，因此课堂的教学关系就是人与人的“双主四客”关系。主体发展是“教的人”与“学的人”双主体发展，是在课堂中同时发展。因此，学生的主体发展不是自然意义上的发展，而是在教师的科学引领和热忱服务下，在“学的人”与“教的人”双主体角色转化中实现的发展。教师在教学中要促进学生思考、学习，要寻找适合学生发展的教育资源与服务策略，在这个过程中，教师自身也在“教的人”与“学的人”的角色转换中得到发展。师生在“双主四客”的角色转换中相互依赖、相互启发，最终实现共同发展。

#### 2. 顺应主体发展

顺应主体发展指顺应双主体的协同发展。双主体发展强调师生共建民主、平等、和谐、合作的教育关系，师生共同参与教学过程，相互教育，相互影响，在"双主四客"的角色转换中共同进步。

3. 课堂实践与研究

课堂实践是双主体的实践，是个体主体的实践与群体主体的实践，存在教的主体间性与学的主体间性。而研究者则是课题组的教师，在课堂中依据界定的"顺应主体发展"的理念，对双主体的实践进行观察、体验、反思、调整，再观察、再体验、再反思、再调整的解读与论证过程。

## 三、国内外相关研究领域现状及研究意义

1. 研究现状

有关主体发展教育，国内外许多专家都进行了相关的理论构建和实践研究。

20 世纪 70 年代末到 80 年代初，于光远教授提出了教育认识现象学中的"三体问题"，他认为作为认识过程的教育活动要处理教育者、受教育者和环境之间的"三体问题"。随后，顾明远教授提出"二体论"，他认为，从哲学的角度看，认识过程中只存在二体——主体和客体，不存在三体。无论是"三体论"，还是"二体论"，都将教育单纯地理解为认识现象，将师生的主体地位局限于认识论范围内，忽视了教育的实践本质，忽视了师生在实践中的主体地位。

20 世纪 80 年代到 90 年代，对教育过程中师生主客体关系的争论形成了"教师唯一主体论""学生唯一主体论""师生双主体论"三种基本观点。1989 年，扈中平在《教育研究》第 8 期发表了《人是教育的出发点》一文，把人的问题摆在了教育的核心地位，可以看作教育人学确立的宣言书；同年，王道俊与郭文安在《教育研究》第 9 期发表了题为《让学生真正成为教育的主体》的文章，使"师生主体性"的讨论跳出了教学论与认识论的局限。1990 年，王道俊、郭文安在《华东师范大学学报（教育科学版）》第 4 期发表了《试论教育的主体性——兼谈教育、社会与人》一文，标志着主体教育理论从讨论"师生的主体性"转向了"教育的主体性"。

从 1990 年到 2010 年，主体教育理论的发展存在着相互影响、相互纠缠

的两条进路：一是转向整体性、综合性的基础教育改革与实验，教育实践与教育理论构建相互促进，形成了“主体教育理论”和“生命·实践教育学”等理论成果；二是延续“教育与人”这一教育基本理论的研究主题，形成了“类主体教育论”“教育人学”和“主体间性教育论”。主体间性是既有个人的主体性，又有群体的共同性，是个体和群体的有机融合。当代西方哲学开始超越主体性，从主客的对立关系转为主体间交往关系，即从主体性到主体间性。从主体教育理论延伸到主体间性教育论，借助的理论资源是丰富的，主要有以胡塞尔为代表的认识论意义上的主体际性理论、以海德格尔和雅斯贝尔斯为代表的存在主义的主体际性理论、以马丁·布伯的对话理论为代表的主体际性理论、以哈贝马斯的交往行为理论为代表的主体际性理论，此处还有弗莱雷的对话行动理论、巴赫金的复调理论等。对近代哲学“主、客两分”理论传统的反思，对个体主体启蒙后的弊端的反思，使得“对话”与“交往”成为构建新型师生关系，培养教育教学过程中主体间性的根本方式和现实途径。

2. **研究意义**

本课题中的双主体与“师生双主体论”不同。“师生双主体论”试图克服“教师唯一主体论”与“学生唯一主体论”的偏颇，虽然这种努力方向是可取的，但结果差强人意。“师生双主体论”把课堂教学活动中的师生归结为抽象的“人”与教材等教育资源的主客关系，忽视了具体的人的交往互动。本课题中的双主体与主体间性略有不同。主体间性即交互主体性，是主体与主体间的共在关系。主体间性不是双主体之间的关系，而是群体主体中个体与个体、个体与群体、群体与群体之间的关系。不需要客体的主体间性，许多实践现象就解释不了，因此主体间性需要走向“双主四客”。本课题提出的主体是“双主四客”中的主体，是可以相互转换的主体。师生虽然是教育活动中的主体，但师生之间的主客关系依然存在。在课堂教学中，每个人都可以是教的主体，也可以是学的主体，即“教的人”和“学的人”双主体。同时，“学的人”既是“教的人”的“接受性”客体（接受教育，输入信息），又是“教的人”的“资源性”客体（展示思维，输出信息）；“教的人”既是“学的人”的“资源性”客体（展示思维，输出信息），又是

"学的人"的"接受性"客体（接受反馈，输入信息），即四客。从主体性到主体间性再到"双主四客"，这是对教育关系认识的深化。本课题的研究能还课堂以本来面目，解释课堂中出现的各类现象和问题。因此，从协同角度、从"双主四客"的角度研究课堂教学，有着极其深远的意义。

## 四、理论依据

### 1. 杜威的儿童中心论

杜威倡导"儿童中心论"，他强调要把儿童作为教育的起点、中心和目的，这一学说引发了教学改革的浪潮。杜威提出儿童是教育行动的中心，其个体性、人格可能性应受到尊重和培养。他还提出儿童的本能是教育上很重要的东西，一切学习和训练必定要拿人类天然的与生俱来的本能做依据，利用儿童自动的能力发展他们原有的天性，才是新教育的宗旨。在杜威看来，教育不是强迫儿童去吸收外面的知识，而是使人类与生俱来的能力得以发展。

### 2. 建构主义教育思想

建构主义认为，世界是客观存在的，但每个人对世界的理解和赋予的意义是不同的。儿童是以自己的经验为基础来构建现实的，由于儿童的经验不同，于是他们对外部世界的理解便也不同。所以，学习不是由教师把知识简单地传递给儿童的过程，而是由儿童自己构建知识的过程。儿童不是简单被动地接收信息，而是主动地构建知识的意义，这种构建是无法由他人代替的。

### 3. 陶行知的儿童教育观

儿童教育思想的根本点在于正确地看待儿童。儿童的发展潜力是巨大的，他们不但有力量，而且有创造性。陶行知先生疾呼，教育要对儿童实行"六大解放"，强调教育要与生活密切结合，要在生活过程中进行教育，通过教育促进人和社会的发展，还倡导"教的法子要根据学的法子，学的法子要根据做的法子"。

### 4. 郭思乐的生本教育理念

郭思乐教授在《教育走向生本》一书中提到，我们面对的是自己生长的生命，学习的发生之处是学生。任何时候，都要坚定地相信学生、依靠学生。良好的教学生态的一个显著特征是儿童的自主性，而儿童的自主性，本质上能构筑他们自由奔放的思维空间，使儿童不断创造。这凸显了师生共同构建课堂的本质内涵。

## 五、课题的研究目标和内容

### 1. 研究目标

（1）通过课题研究，对课堂实践进行再认识，对课堂进行以人为本的科学梳理，发现并归纳出课堂中的主要人际关系。

（2）通过课题研究，构建“双主四客”的课堂分析新思路，对课堂教育理论进行更深层次的探索。

（3）通过课题研究，为教师提供研究课例的新思路和新角度，提高数学课堂教学效率。

（4）通过课题研究，使师生对课堂角色的变换有主观意识，在构建高效课堂的过程中，最大限度地发挥每一个人的作用，促使每一个生命自由、自主地生长。

### 2. 研究内容

（1）有关“主体发展”相关理论的比较研究。

（2）课堂主要教学现象的人际关系观察、分析、梳理、归纳。

（3）小学数学名师课堂“双主四客”课堂现象的分析研究。

（4）小学数学顺应主体发展的课堂中“双主四客”角色转换的实践研究。

（5）小学数学顺应主体发展的课堂规律的案例研究。

（6）小学数学顺应主体发展的课堂评价体系研究。

（7）学生样本群的主体发展跟踪研究。

（8）教师样本群的主体发展跟踪研究。

## 六、研究的思路、过程与方法

### 1. 启动阶段（2011 年 8 月—2011 年 12 月）

明确课题研究方向，做好前期准备工作。确定研究课题，撰写“小学数学顺应主体发展的课堂实践与研究”课题方案，做好课题申报工作。本阶段主要采用文献研究法和观察法。收集、整理“主体发展”的相关理论和成功经验，着手进行对比研究；组织小组成员学习课题方案和相关理论。对原有课堂进行再认识，观察课堂内的主要人际关系，通过分析、梳理，归纳出课堂中“双主四客”的人际脉络。组建课题研究的管理网络，邀请专家对课题进行前期论证。

2. **实施阶段**（2012 年 1 月—2013 年 12 月）

寻找课题研究的实践点，开展深入研究。本阶段主要采用行动研究法和个案分析法。

（1）探寻顺应主体发展的教学新思路

一是收集小学数学名师案例，然后对其“双主四客”课堂现象进行分析研究；二是借鉴名师课堂中“双主四客”灵活转换的经验，开展小学数学顺应主体发展的课堂中“双主四客”角色转换的实践研究。

（2）给予教师顺应主体发展课堂教学的新思路

一是通过观察、研究典型的小学数学案例，探寻顺应主体发展的课堂规律；二是制订小学数学顺应主体发展的课堂评价量表。

（3）发挥师生重建新课堂的作用

一是对学生样本群的主体发展情况进行跟踪研究，掌握其发展规律；二是对教师样本群的主体发展进行跟踪研究，了解其发展的瓶颈和障碍。

开展课题的阶段总结，撰写“小学数学顺应主体发展的课堂实践与研究”中期报告，召开中期汇报会，展示“顺应主体发展”的数学示范课，开展有关“小学数学顺应主体发展的课堂实践与研究”的经验交流活动。

3. **总结阶段**（2014 年 3 月—2014 年 10 月）

汇总课题研究成果，形成“顺应主体发展”的课堂教学特色。本阶段主要采用经验总结法。围绕小学数学顺应主体发展的课堂角色、课堂规律、课堂评价等进行理性思考。课题组总结研究经验，撰写“小学数学顺应主体发展的课堂实践与研究”结题报告。整理课题研究过程性资料，编印有关“小学数学名师课堂‘双主四客’课堂现象的分析”案例集和“小学数学顺应主体发展的课堂实践与研究”论文集。

4. **推广阶段**（2014 年 11 月—2014 年 12 月）

推广课题研究成果，发挥数学学科的辐射作用。召开“小学数学顺应主体发展的课堂实践与研究”课题结题会，展示“顺应主体发展”的数学示范课，请专家对课题成果进行论证，并提出建议，以使我们明确后续的研究方向。

## 七、主要观点与创新之处

1. **主要观点**

（1）“主体发展”是指主体是可以发展的，主体是发展着的，外力是可以帮助、促进主体发展的。“主体”是“双主四客”中的主体，是可以相互转换的主体。群体主体是由个体主体组成的。

（2）在课堂教学中，每个人都可以是教的主体，也可以是学的主体，即“教的人”和“学的人”双主体。同时，“学的人”既是“教的人”的“接受性”客体（接受教育，输入信息），又是“教的人”的“资源性”客体（展示思维，输出信息）；“教的人”既是“学的人”的“资源性”客体（展示思维，输出信息），又是“学的人”的“接受性”客体（接受反馈，输入信息），即四客。

（3）顺应主体发展的数学教学，并非对学生放任自流，而是研究师生“双主四客”在课堂中的协同规律，以使课堂中每个成员的角色转换意识从无到有，从而使课堂进程得到控制与优化，使课堂达到高效率、好效果、优效益的状态。

（4）顺应主体发展的数学课堂教学要基于学生的备学与教师的预设，要关注课堂上的互动生成，有效的生成对师生的发展能起到积极的促进作用。

2. **创新之处**

（1）研究重点上的创新之处

一般课题研究都围绕学生的主体发展展开，最终的目标也指向学生的主体发展。本课题以师生主体发展为价值取向，强调通过师生的交往互动，实现师生自主、自由、自在地发展。本课题的研究重点与一般课题有明显不同，追求的是师生合力下的发展效益。

（2）研究思路上的创新之处

本课题研究的是顺应主体发展的课堂形态，提出了“双主四客”的课堂人际关系。课堂中的教师是一个群体，包括在场的执教教师，学生转变为施教者角色的“教师”，还有课程“教师”、教材“教师”，他们以物化的“场”的方式存在于课堂之中。同时，课堂中的学生也是一个群体，包括一般意义上的学生，教师转变为受教育者角色的“学生”，课堂上的每一个人都可能在教师与学生的角色中转换。

（3）研究方法上的创新之处

本课题研究的研究方法多样，有对教学改革现状的调查研究，有对理论文献的研究，有对课堂实践的研究，有对具体的主体发展案例的研究，还有对网络交流与研讨的研究。

## “小学数学顺应主体发展的课堂实践与研究”结题报告

### 一、课题研究的过程

#### 1. 理论助跑，课题研究专业化

课题组强化过程管理，注重进行阶段性总结、反思工作，注重进行深入研究，重视研究资料的收集、整理，并及时进行总结，撰写研究报告。

（1）专家引领，让教师具有一双慧眼

2013 年 3 月，金连平先生应邀到张家港市云盘小学做了关于教师专业成长的讲座——“从热爱到规划——教师专业成长的若干要素”。金先生从读书、写作等方面阐述了教师专业成长的要素，对教师该如何撰写文章有极大的启发。

2014 年 2 月和 5 月，张家港市云盘小学两次邀请张家港市教育局教学研究室陈惠芳老师参加学校的教科活动，陈老师与云盘小学的教师们分享了她在论文写作方面的心得、体会，并对青年教师的论文进行了现场指导。

2014 年 4 月，张家港市云盘小学邀请张家港市教育局教学研究室顾敬炎老师走进学校的数学课堂，对学校的数学教学工作做面对面的指导。顾老师

肯定了云盘小学在数学教学方面的探索，认为师生共建“共享式”课堂模式对学生学习能力的提高大有裨益，同时，他结合云盘小学的实际情况提出了宝贵的意见和建议，使云盘小学的教师受益匪浅。

（2）专业阅读，让教师拥有一颗慧心

课题组组建读书俱乐部，推行首席教师导读制，引领教师阅读专业杂志，了解相关课题的研究现状；鼓励教师阅读经典书籍、浏览相关的互联网资源，将浏览式阅读和主题式阅读相结合，让阅读成为教师润泽生命的过程。

（3）主题论坛，让教师善于思考

围绕该课题研究，课题组组织教师开展读书研讨和教科沙龙活动。在参加教科论坛之前，每位老师都能认真学习相关资料，并结合自身实践，形成独特的观点。教师围绕顺应主体发展实现“师生共建课堂”的四个方面——师生共同准备学习资源、师生共同提出学习问题、师生共同探究学习内容和师生共同展示学习成果进行交流，在教科论坛中把自己的所思、所想与大家分享。

2. 扎根课堂，课题研究常态化

课题研究必须扎根课堂，转变教研方式，切实解决教学中出现的新问题。同时，形成有特色的教研文化，达成学科教研活动主题化、教研内容系列化的目标。

（1）举行形式多样的校级研讨活动

为了提高课题研究的实效性，我们立足学校实际，围绕课题开展骨干教师展示、青年教师评优夺杯、徒弟汇报课等形式多样的校内研讨活动。在活动中，教师们展示了真实的课堂教学。所有教师展示完毕后，各课题组还组织了专题评议活动。

（2）承办各类市级教学研讨活动

2012 年 6 月，张家港市云盘小学举行了期末复习的研讨活动。课题组成员黄锋老师执教了基于“顺应主体，师生共建”模式的复习课“分数乘法”；数学教研组还参与了“让复习课具有生长的力量”主题沙龙活动，随着诸如“如何形成完整的知识体系”“如何教会学生复习的方法”“如何提高复习课的效果"等问题的研讨，教师们对复习课教学有了更全面的认识。

2014年10月，张家港市云盘小学承办了张家港市小学数学青年教师协作组活动。云盘小学的夏梅老师展示了"认识比"一课，夏老师在备学的基础上充分发挥学生的自主学习能力，使学生通过充分的思辨来认识比。夏老师的这节课展示了云盘小学对"顺应主体发展的'共享式'课堂"的思考与探索。

(3) 开展跨区域课题研讨活动

2012年5月，张家港市云盘小学与南通市八一小学（今南通市观音山小学）开展教学联谊活动，张家港市云盘小学的夏梅老师、南通市八一小学的夏周老师和史晓榴老师分别展示了基于备学的课堂教学。

2012年11月，南通市"十二五"教育科学规划课题"小学数学顺应主体发展的课堂策略与研究"中期论证暨崇川、张家港、如皋三地数学教研活动，在如皋市白蒲小学举行。张家港市云盘小学的李晓红、鱼晓丹老师在活动中展示了基于备学的课堂教学。

2013年5月，该课题第四次研讨活动在南通市八一小学举行。张家港市云盘小学的钱春燕、赵红婷老师和南通市八一小学的蔡晓敏、张志东老师分别展示了基于备学的课堂教学。

2013年12月，张家港市云盘小学与南通市八一小学开展第五次跨区域教学联谊活动。张家港市云盘小学的赵红婷、黄锋老师在活动中分别展示了基于备学的公开课，充分展示了张家港市云盘小学对"顺应主体发展的'共享式'课堂"的探索。

## 二、课题研究的主要成效

通过两年的课题研究，学校"顺应主体发展，师生共建课堂"的特色愈加凸显，学生的自主学习能力有了很大提高，具体表现在以下几个方面。

### 1. 顺应主体发展的"共享式"课堂的理念探索

"共享式"课堂立足于学生的幸福成长，最终目的是促使学生自己生长、自然生长、自由生长，具体如下。

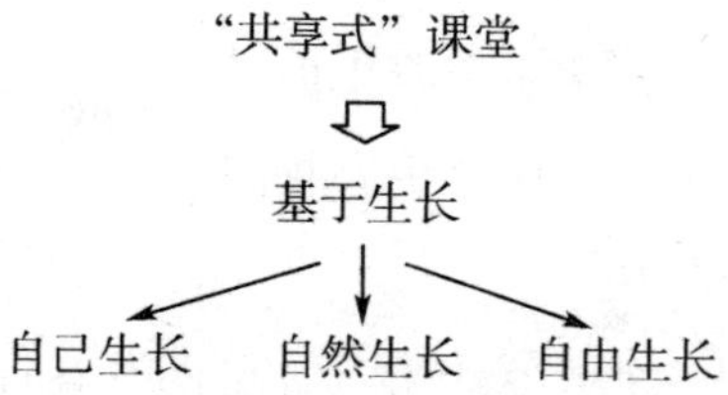


（1）自主选择，自己生长

儿童的生长既不能替代，也不可复制，更不能重复。我们的课堂始终坚守的立场是，生长一定是学生自己孜孜以求并乐于完成的，教师的教只是为学生提供"营养"，并逐渐使学生形成强大而源源不断的"自我供给"。

（2）遵循规律，自然生长

我们的课堂，既要尊重教育教学的规律，更要"顺木之天，以致其性"，即正确认识学生的生长规律，自觉遵循并科学驾驭学生的生长规律，以实现学生生长方式的多样、生长状态的主动、生长过程的快乐。

（3）享受空白，自由生长

渴望自由既是儿童的天性，也是创造的条件。对学生，我们要引导而不强制，影响而不支配，解放而不束缚，让"童心"与"爱心"相遇，进而引发学生的创造之心，最终促进学生自由生长、自觉生长。

**2. 顺应主体发展的"共享式"课堂的优势探索**

与传统课堂相比，"共享式"课堂体现出了较大的优势，具体如下。

（1）更为开放的目标观

过去，我们的教学特征是"小步子、慢慢走"，把教学内容分割成若干小块，分解到单元，细化到课时，每个课时都有具体的目标。而"共享式"课堂则把教学目标放在一个较长的时间轴上来考量，根据学生的实际情况，对教学目标进行适度调整，对教学内容进行适当裁剪，做到"下要保底，上不封顶"。

（2）更为鲜活的过程观

过去我们认为，学生的学习是从上课铃响才开始的，学生进入课堂时对所学知识是陌生的，要在教师设计的教学环境中进行学习。而在"共享式"课堂上，学生要经过这样的学习过程：准备—展示—探索—交流—复习。备学的作用，就是先把学生带到所要学习的知识的顶峰进行俯瞰，让学生对知识的全貌有所了解，然后让学生带着先前的准备进行课堂学习，这样，学生的学习会更深入、更积极，学生会更有收获。

(3) 更为丰富的资源观

备学，把学生带到一个开放的学习时空，没有时间的限制，没有围墙的禁锢，学生可以用自己的方式进行准备，这时，家长、网络、工具书都成了学生的学习资源。学习资源的开放，能促使学生对知识的理解和解读更为深入、深刻！

(4) 更为主体的学生观

在"共享式"课堂中，学生不是围绕既定的目标进行"小步子"学习，而是拥有相对独立的学习空间。在课堂上，学生不仅与教师进行一对一的交流，还与同学、与教材等进行多向立体化的交流。学生收获的不仅是分数的提高，更是兴趣、思想、方法、意识和价值观的全面生长。

**3. 顺应主体发展的"共享式"课堂的模式探索**

经过不断探索，我们尝试构建了顺应主体发展的"共享式"课堂模式。教学过程呈现三个"一"，即一份备学单、一份共学单、一份延学单；实现四个"共同"，即师生共同准备学习资源，师生共同提出学习问题，师生共同探究学习问题，师生共同展示学习成果。"共享式"课堂教学大致经历五个流程：准备先行—经验分享—问题研讨—总结归纳—巩固延伸。通过培养学生参与构建课堂的兴趣和能力，使学生真正成为课堂的主人，最大限度地促使其生命自由、自主地成长。

(1) 以学定教，做到三个"一"

① 一份备学单

备学单旨在引导学生为学习做准备，让学生收集资料，回顾已有经验，最重要的是让学生发现问题、提出问题，并带着问题进行学习。备学的目的是激活学生的三种经验：知识经验、生活经验、思维经验。

② 一份共学单

在学生备学并提出重点问题的基础上，教学进入针对性的共学环节。共学单旨在引导学生围绕备学中产生的重点问题，进行小组合作、共同研究。

它有助于师生在学习活动中共同质疑，合作解决问题。

③ 一份延学单

延学单旨在围绕备学以及教学难点或拓展性问题，组织学生课后继续研究。让学生带着问题走出课堂，这是“共享式”课堂的一个重要特征。

（2）师生共建，实现四个“共同”

① 师生共同准备学习资源

传统的教学，主要由教师进行教学准备，课堂资源基本都由教师提供，这样的资源虽有体系，但不一定生动。通过精心设计备学题，鼓励学生提出三个发现和三个问题，如此一来，学生呈现的资源将是极为丰富的，这既能激发学生的主体意识，又能充实课堂资源。课前，教师了解学生的备学情况后，进行教学的二度设计，这样就能使教学更贴近学生的实际。

案例：“百分数的应用”一课的资源准备。

课前备学中，引导学生根据“求一个数是另一个数的几分之几”和“求一个数比另一个数多（少）几分之几”分别举一个例子。有些学生举的例子不太符合条件。如顾同学举的例子：（1）一本《新华字典》16 元，一本《十万个为什么》的价格是一本《新华字典》的$\frac{7}{4}$，一本《十万个为什么》多少钱？（2）一斤草莓 18 元，一斤苹果的价钱比一斤草莓便宜$\frac{5}{9}$，一斤苹果比一斤草莓少多少元？奚同学举例如下：（1）一杯盐水，盐 10 克，水 100 克，盐占盐水的几分之几？（2）一杯盐水，盐 10 克，水 100 克，盐比水少的克数占水的几分之几？课堂上，先呈现顾同学的例子，有学生发现这类例子与要求不符，但教师仍引导学生列式解答，充分发挥了这些习题的练习功能。解答后，让学生分析这两道题的相同之处，使学生构建了分数乘法应用题的计算模型。接着，呈现奚同学的例子，通过对比，鼓励学生关注相比较的两个量，并引导学生形成这类问题的计算模型。课堂因学生的资源而精彩。

② 师生共同提出学习问题

学习始于疑问。先让学生提出问题，教师据此掌握了学生的思维脉络后，再根据这些问题，进行教学设计的重组和完善。教学时，教师主要根据学生提出的问题展开教学，或点拨，或指引，这样才能使学生的自主学习成为可能。师生共同设计学习问题，能使教师的教更贴近学生的学，也能使学生的学更主动。

案例："百分数的认识"一课的问题提出。

在"百分数的认识"的教学中，各小组汇报典型问题后，师生共同梳理，确定了本课的重点研究问题：百分数的意义是什么？百分数的好处在哪里？百分数与之前所学的知识有怎样的联系？百分数有怎样的特点？这些问题引发了学生的思考，随着问题的研究，学生的思维渐渐走向深入。

课堂是师生交往互动的主阵地，是智慧生成与发展的演练场。通过师生共同提出学习问题，教师的教会更贴近学生的学，学生的学会变得更为主动，这样的教学比起照本宣科，更有挑战性与创造性，这是学与教协同的课堂。

③ 师生共同探究学习问题

课堂上，教师可根据学生提出的问题展开教学。"问题导向"是学习活动主导课堂的机制。学生自主提出问题，师生互相启发，借集体力量共同解决问题。

案例："质数和合数"一课的问题探究。

反馈问题时，教师让提出典型问题的学生先说，问题大致如下：①一个数不是质数，它一定是合数吗？在片刻思考后，有学生急切地反驳道："不对，不对！还有'1'呢！"此问题使学生再次明确了自然数按因数个数分类的分类方法。②"1"为什么既不是质数，也不是合数？学生回答："因为'1'只有一个因数，而质数有两个因数，合数至少有三个因数。"这一问题再次突出了"1"的特殊性。③"0"是质数还是合数？教师顺势向学生说明："研究范围一般指非零自然数。"④奇数都是质数吗？偶数都是合数吗？质数与合数、奇数与偶数的关系向来是教学难点，学生提到这一问题，再由学生自发举例验证，效果无疑是最佳的。正因为正视了学生的问题，课堂才呈现出生机勃勃的景象。

④ 师生共同展示学习成果

课堂上，教师要多为学生创造展示学习成果的机会，然后引导学生边讨论边总结。学生讲述时，教师可适时介入，发挥引而不发的作用，让学生在解决问题的过程中学会思考。师生共同展示学习成果，能把教师平淡的知识点陈述变为学生生动而有价值的学习体验。

案例："质数和合数"一课的成果展示。

课上，小组交流后，教师组织学生进行全班展示。根据学生的回答，教师先出示了1～20各数及其因数，然后让学生将1～20各数分类并介绍分类方法。首先，小Y同学介绍："把1～20这些数分成两部分，分别是奇数和偶数。"教师追问："这样分类的依据是什么?"进而引导学生得出了分类依据。其次，小L同学介绍："把质数分为一类，把合数分为一类。"揭示出了质数和合数的概念。最后，教师出示了小R同学的分类方法"质数：2，3，5，7，11，13，17，19；合数：4，6，8，9，10，12，14，15，16，18，20；还有1"。小R同学的思维更为缜密，他还考虑到了"1"这个特殊的数，于是就将自然数分为质数、合数、"1"三类。原本需要由教师解读的内容，因学生的分享而充满了趣味。

（3）对话分享，经历五个流程

通过教学研究，我们构建了小学数学"共享式"课堂的教学范式，具体如下。

① 准备先行，自动对话

很多时候，我们习惯于教师进行教学准备，课堂资源也由教师提供，这样的资源并不生动。而在"共享式"课堂上，教师通过精心设计备学题，引导学生说出发现、自由质疑，使学生呈现出极为丰富的资源，这既激发了学生的主体意识，又充实了课堂资源。

② 经验分享，自由交流

在备学后的课堂上，教师可有选择性地展示学生的资源，并根据学生的思维脉络展开教学。教师可先让学生进行小组交流，提炼出主要的发现和问题，然后创造机会，让学生进行全班交流。学生分享经验时，教师可适时介入，发挥引导作用，尽可能使学生更多地呈现典型的发现和问题。

③ 问题研讨，自主探究

备学后，教师要重点引导学生讨论在备学中发现的问题。很多问题在小组交流中就能解决，小组交流解决不了的问题，就留着全班讨论解决。教师要在课前及学生的交流中，及时发现、归纳、提炼问题，筛选出有代表性的问题，让学生进行集体讨论，进而使学生顺利构建思维模块。

④ 总结归纳，自然生成

学生尝试归纳，整理总结，发现规律，领悟学法；教师捕捉信息，及时反馈，提炼升华；师生互动，共享学习成果。

⑤ 巩固延伸，自能发展

学生进行巩固练习，并对知识进行延伸与拓展，发展思维能力。

#### 4. 顺应主体发展的"共享式"课堂的研究成果

两年来，课题组的教师们围绕课题进行研究，开展教学实践，并积极反思，最后撰写了相关的教育教学论文及随笔，主要成果体现在以下两个方面。

（1）研究专集的汇编

课题组的教师们能积极参与学校每月一期的《教科简讯》和每年一期的校刊的投稿。

（2）教师的各类成果

两年来，课题组多位教师展示了市级公开课。张家港市云盘小学的赵红婷老师在江苏省"杏坛杯"苏派青年教师课堂教学展评活动中荣获一等奖，陶红、钱冠洲两位老师分别获苏州市青年教师评优课一、二等奖。全组教师围绕课题研究积极总结经验，在省级以上刊物发表文章30多篇。

### 三、研究后的反思及打算

课题研究之路是没有止境的，广大教师需要边实践、边研究、边反思。今后，我们还要加强以下几方面的工作。

#### 1. 构建学习型组织，提升教师的理论素养

抓好教师理论学习，继续开展读书系列活动，提升教师的理论水平和研究能力。

#### 2. 开展教学联谊活动，促进教师的专业成长

教研内容有理论学习、教案检查、反思交流、问题探究及考试研究等。同时抓好教师的听评课、公开课与观摩课等工作。

课题研究，不仅惠及教师，更惠及学生。教中有研，以研扬教，以教促研，教育园地才能不断结出丰硕的果实。课题研究前路漫漫，但我们坚信，只要我们扎实推进课题研究，加强对课题研究过程的管理，我们的课题研究前景一定会非常灿烂。

# 江苏凤凰教育出版社
# 《行知工程》系列丛书目录

| 系列 | 序号 | 书　　名 | 主编 | 定价 |
|---|---|---|---|---|
| 创新教学探索系列 | 1 | 《“备”出课堂精彩——备学式教学的课堂实践与思考》 | 张旭兰 | 30.00 |
| | 2 | 《让学生把母语用精彩——“语用课堂”的探索与实践》 | 佘小红 | 30.00 |
| | 3 | 《神奇的阅读教室——带学生踏上美妙的阅读之旅》 | 李祖文 | 30.00 |
| | 4 | 《打造有生命力的课堂<br>——“两步八环节”教学模式探索与实践》 | 查联智 | 30.00 |
| | 5 | 《最能培养学生探究能力的课堂<br>——小学科学与信息技术单元整体课程实施与评价》 | 李怀源 | 30.00 |
| | 6 | 《最能激发学生运动天赋的课堂<br>——小学体育单元整体课程实施与评价》 | 李怀源 | 30.00 |
| | 7 | 《最能提升学生艺术素养的课堂<br>——小学艺术单元整体课程实施与评价》 | 李怀源 | 30.00 |
| | 8 | 《“生命语文”探索——焕发语文生命力的思考与实践》 | 王自成 | 30.00 |
| | 9 | 《粘连作文教学：让习作成为有个性的自我建构》 | 黄瑞夷 | 30.00 |
| | 10 | 《备学式教学——在体验中建构数学思维》 | 单广红　范雪梅 | 30.00 |
| | 11 | 《向着自主进发——自主教育的创新实施智慧》 | 朱亚红 | 30.00 |
| | 12 | 《写中学——让学习更有效的学科写作教学》 | 钟传祎 | 30.00 |
| | 13 | 《小学科学实验总动员<br>——大科学课堂有效提升学生创新力》 | 江美华 | 30.00 |
| | 14 | 《小学语文单元整体课程实施与评价》 | 李怀源 | 30.00 |
| | 15 | 《小学英语单元整体课程实施与评价》 | 李怀源 | 30.00 |
| | 16 | 《小学数学单元整体课程实施与评价》 | 李怀源 | 30.00 |
| | 17 | 《让教学更能激发智慧<br>——“思维碰撞”课堂的建构与实施》 | 程和方 | 30.00 |
| 精彩课堂系列 | 18 | 《从语文素养走向生命成长——小学语文读写课堂教学密码》 | 曾海玲 | 30.00 |
| | 19 | 《真实的品德课》 | 朱淑秀 | 30.00 |
| | 20 | 《英语课堂学习共同体——新型的师生交互学习场》 | 杨延从 | 30.00 |
| | 21 | 《指导自主学习——初中数学学与教的研究与实践》 | 刘其武 | 30.00 |
| | 22 | 《玩出精彩的课堂——小学低年级教与学方式转变研究》 | 陶红松 | 30.00 |
| | 23 | 《让生命之花自主绽放——语文个性化教学建构策略》 | 商德远 | 30.00 |
| | 24 | 《让学生亲历知识<br>——主体参与下体验式学习的实施策略》 | 何世祥 | 30.00 |
| | 25 | 《给孩子更好的数学课堂》 | 易增加 | 30.00 |

| 系列 | 序号 | 书　　名 | 主编 | 定价 |
| --- | --- | --- | --- | --- |
| 教育管理力系列 | 26 | 《缔造唯美教育——延奎小学素质教育实施策略》 | 易增加 | 30.00 |
| | 27 | 《让普通学校崛起的 20 个细节<br>——“生命为本”教育团队成长密码》 | 李其玉 | 30.00 |
| | 28 | 《“走”出教育的精彩：走动式学校管理文化构建》 | 罗　军 | 30.00 |
| | 29 | 《校长兵法：学校管理四十六计》 | 皮大鹏 | 30.00 |
| 教师修炼系列 | 30 | 《教育，爱与宽容——教师心灵礼仪修炼》 | 许力争 | 30.00 |
| 校本研修系列 | 31 | 《校本研修资源的开发与利用》 | 陈朝林 | 30.00 |
| | 32 | 《校本研修与教师专业成长》 | 吴积军 | 30.00 |
| | 33 | 《卓越教师经典研修成长策略》 | 刘天宝等 | 30.00 |
| | 34 | 《特色校本课程开发范例解读》 | 刘永平　李秀伟<br>张雪梅 | 30.00 |
| | 35 | 《高效校本研修模型构建艺术》 | 刘素雁 | 30.00 |
| | 36 | 《走向实践的教研——中小学教育科研引领与应用》 | 江　敏 | 30.00 |
| 班级文化系列 | 37 | 《活力班级的文化建设》 | 胡　珏 | 30.00 |
| | 38 | 《做幸福的班主任》 | 吕　丽 | 26.00 |
| 教育家核心思想系列 | 39 | 《叶圣陶谈阅读》 | 叶圣陶 著<br>李怀源 选编 | 30.00 |
| | 40 | 《多元智能理论的本土化应用》 | 刘治富 | 30.00 |
| | 41 | 《大教育家最具施教力的教学思想》 | 白刚勋 | 30.00 |
| 高效能教学系列 | 42 | 《高效能教师的 10 个好习惯（中学卷）》 | 张　瑾 | 30.00 |
| | 43 | 《让作文落地生根——提高写作实效的教学策略》 | 黄桂林 | 30.00 |
| | 44 | 《高效能作文教学 5 项修炼》 | 陈步华 | 30.00 |
| | 45 | 《高效能校长的 10 个好习惯》 | 张　勤 | 30.00 |
| | 46 | 《高效能教师的 10 个好习惯（小学卷）》 | 谢　英 | 30.00 |
| | 47 | 《高效能语文教学 5 项修炼》 | 王其华 | 30.00 |
| 新课程探索系列 | 48 | 《语文新课程的批判与重建》 | 葛桂斌 | 30.00 |
| 美国名师教学译丛 | 49 | 《美国名师游戏教学本土化应用：幼儿园》 | （美）玛西娅 L. 泰特 著<br>胡 珍　瞿 菁　编译 | 30.00 |
| | 50 | 《美国名师游戏教学本土化应用：小学英语》 | （美）玛西娅 L. 泰特 著<br>杨永华　张心影　编译 | 30.00 |

| 系列 | 序号 | 书名 | 主编 | 定价 |
| --- | --- | --- | --- | --- |
| 美国名师教学译丛 | 51 | 《美国名师游戏教学本土化应用：小学数学》 | （美）玛西娅 L. 泰特 著<br>谢艳红 编译 | 30.00 |
| | 52 | 《美国名师游戏教学本土化应用：小学科学》 | （美）玛西娅 L. 泰特 著<br>刘丽萍 编译 | 30.00 |
| | 53 | 《美国名师游戏教学本土化应用：小学社会》 | （美）玛西娅 L. 泰特 著<br>姜梅芳 编译 | 30.00 |
| | 54 | 《美国名师游戏教学本土化应用：小学音体美》 | （美）玛西娅 L. 泰特 著<br>尹立志 编译 | 30.00 |
| 鲁派名师名校·教育探索者系列 | 55 | 《悦读立人——校园阅读文化体系构建策略》 | 杨世臣 | 30.00 |
| | 56 | 《教育智慧何处来——一位特级教师的思考手记》 | 付立金 | 30.00 |
| | 57 | 《和雅文化——校本课程的创新构建》 | 汤善香 | 30.00 |
| | 58 | 《让个性绽放精彩——学校课程体系整合与创生》 | 谢建伟 徐淑萍 | 30.00 |
| | 59 | 《让每个学生都幸福——最能润泽生命的学校文化建设》 | 谢建伟 张新喜 | 30.00 |
| 生态化校园系列 | 60 | 《点燃学习的激情——构建校园生态化学习型组织》 | 杨树岳 | 30.00 |
| | 61 | 《课改突围——构建学校生态化教学体系》 | 杨树岳 | 30.00 |
| 教育新思考系列 | 62 | 《语文教育向何处去》 | 王 丛 | 26.00 |
| | 63 | 《教育，就是做好普通的事》 | 孙志毅 | 27.00 |
| | 64 | 《走出语文的偏见——让学生体悟文本的原义》 | 丛智芳 | 30.00 |
| | 65 | 《让语文教学更高效——批注式阅读教学探索》 | 韩中凌 | 30.00 |
| | 66 | 《读写互促——探寻学以致用的语文教学》 | 曹 龙 | 30.00 |
| | 67 | 《跳出数学教数学——用文化融通数学教学》 | 马建秀 | 27.00 |
| 名师感悟系列 | 68 | 《让心灵伴着歌声成长——22 位音乐名师的教育智慧》 | 陈 璞 | 30.00 |
| | 69 | 《超越自我的教师——32 位名师的成长感悟》 | 李卫东 李秀伟 | 35.00 |
| | 70 | 《心灵的守护者——19 位名班主任的教育智慧》 | 王晓松 曲文弘 | 30.00 |
| | 71 | 《名师感悟班主任有效工作艺术 90 例》 | 符礼科 | 30.00 |
| | 72 | 《名师感悟有效教学 90 例》 | 林高明 徐玉烟 | 30.00 |
| 信息化教学系列 | 73 | 《巧用白板教语文——信息技术与语文教学操作指南》 | 蒋丽清 | 30.00 |
| | 74 | 《跨越式实现高效课堂<br>——信息技术与课程整合高效教学方案评析》 | 陈 玲 刘 禹 | 30.00 |
| 教师必读系列 | 75 | 《教师必学的 16 堂修养课》 | 武宏伟 | 30.00 |
| | 76 | 《教师不可不知的教学心理效应》 | 叶勇军 | 30.00 |
| | 77 | 《班主任不可不知的管理效应》 | 奚一琴 | 30.00 |
| | 78 | 《教师不可不知的教育心理效应》 | 孙 媛 | 30.00 |

| 系列 | 序号 | 书　　　名 | 主编 | 定价 |
| --- | --- | --- | --- | --- |
| 教师必读系列 | 79 | 《校长不可不知的管理效应》 | 谢申刚　张金豹 | 30.00 |
| | 80 | 《成为好教师的7项修炼》 | 王福强　李维华 | 30.00 |
| | 81 | 《如何让学生会学习》 | 龙　冰 | 30.00 |
| | 82 | 《如何让学生爱学习》 | 周震宇　许小燕 | 30.00 |
| 核心教学主张系列 | 83 | 《新生代语文名师核心教学主张》 | 许友兰 | 30.00 |
| 学生心理解码系列 | 84 | 《孩子问题行为一点通<br>——只有好老师才知道的学生心理谜底》 | 严育洪 | 30.00 |
| 教育求索系列 | 85 | 《思政教学的人文力量》 | 戴晓华 | 30.00 |
| | 86 | 《师道新说——给教育者的30条箴言》 | 徐　卫 | 30.00 |
| 行思讲坛系列 | 87 | 《灵动而朴素地教语文——潘文彬的微格教育生活》 | 潘文彬 | 30.00 |
| | 88 | 《师爱无疆——润泽学生心灵的教育故事》 | 侯忠彦 | 30.00 |
| | 89 | 《怎样反思更有效——促进教师专业发展的反思策略》 | 诸贝贝 | 30.00 |
| | 90 | 《成为高度自觉的教育者——写给后课标时代的数学教师》 | 许卫兵 | 30.00 |
| | 91 | 《哲思数学课》 | 刘全祥 | 30.00 |
| | 92 | 《智慧数学课——黄爱华教学思维的实践策略》 | 黄爱华 | 30.00 |
| | 93 | 《童趣数学课》 | 徐　芳 | 30.00 |
| | 94 | 《把学生教聪明》 | 严育洪 | 30.00 |
| | 95 | 《教师最应该规避的教育误区》 | 杨坤道 | 30.00 |
| | 96 | 《用语文的方式教语文——潘文彬教学主张与实践智慧》 | 潘文彬 | 30.00 |
| | 97 | 《怎样让阅读教学更有效<br>——提升教学能力的十种读诵模式》 | 汪秀梅 | 28.00 |
| | 98 | 《让生命在润泽中起舞——当代小学生最需要的主题班会》 | 吴联星　罗　琳<br>冯卫东 | 30.00 |
| | 99 | 《让生命欢快拔节——当代中学生最需要的主题班会》 | 冯卫东　吴联星 | 30.00 |
| | 100 | 《课堂因生成而精彩——高效教学的生成智慧》 | 张文质 | 30.00 |
| | 101 | 《回到每一个人的生命化教育<br>——张文质二甲中学教育行动录》 | 张文质 | 30.00 |
| 中国教育变革之路丛书 | 102 | 《百年树人师何为——教师队伍建设困顿与出路》 | 将丽珠　李玉向 | 30.00 |
| | 103 | 《入园何时不再难——学前教育困惑与抉择》 | 曾晓东<br>范　昕　周　慧 | 30.00 |
| | 104 | 《三尺书桌何处寻——流动人口子女教育困难与破解》 | 范先佐 | 30.00 |

| 系列 | 序号 | 书名 | 主编 | 定价 |
|---|---|---|---|---|
| 中国教育变革之路丛书 | 105 | 《苦旅何以得纾解——高考改革困境与突破》 | 郑若玲 | 30.00 |
| | 106 | 《择校纠结何时了——择校问题困局与治理》 | 曾晓东　周文海<br>曾娅琴 | 30.00 |
| 创新教学思想系列 | 107 | 《“大问题”教学的形与神》 | 黄爱华　张文质 | 30.00 |
| 校长领导力系列 | 108 | 《高品质学校生长要素》 | 王益民 | 30.00 |
| | 109 | 《校长高校教学领导力提升策略》 | 徐世贵　郭文咢 | 30.00 |
| 教育漫笔系列 | 110 | 《课堂，诗意地栖居》 | 吴书华 | 30.00 |
| 新思维系列 | 111 | 《教育中的“不一定”——打破教育的19种思维惯式》 | 严育洪 | 30.00 |
| 教学提升系列 | 112 | 《有思想地教阅读——让学生学会品读文字真意》 | 王学东 | 30.00 |
| 教育艺术提升系列 | 113 | 《藏在师生体态语言里的教学智慧》 | 张　宇　廖生波 | 30.00 |
| 教学全手册系列 | 114 | 《小学习作教学全手册》 | 郭家海 | 30.00 |
| | 115 | 《中学写作教学全手册》 | 郭家海 | 30.00 |
| | 116 | 《情境教学操作全手册》 | 冯卫东 | 35.00 |
| | 117 | 《合作教学操作全手册》 | 李春华 | 35.00 |
| | 118 | 《探究教学操作全手册》 | 周新桂 | 35.00 |
| | 119 | 《自主教学操作全手册》 | 诸葛彪 | 35.00 |
| | 120 | 《创新教学操作全手册》 | 王　玮 | 35.00 |
| | 121 | 《班主任工作全手册》 | 刘沛华 | 35.00 |
| | 122 | 《新教师工作全手册》 | 周震宇 | 35.00 |
| | 123 | 《学生心理健康教育全手册》 | 刘海莉　刘春杰 | 35.00 |
| | 124 | 《高效教学操作全手册》 | 马友平 | 35.00 |

| 系列 | 序号 | 书名 | 主编 | 定价 |
| --- | --- | --- | --- | --- |
| 教育思想者系列 | 125 | 《教育，一切从孩子出发》 | 黄　俭 | 30.00 |
| | 126 | 《高效教学的道与术<br>——陶继新教育讲演录》 | 陶继新 | 30.00 |
| | 127 | 《名校之道<br>——陶继新对话名校长（1）》 | 陶继新 | 30.00 |
| 创新人才培养系列 | 128 | 《创新人才培养校园科普精品课程开发与指导<br>——人大附中创新人才培养》 | 罗　滨 | 30.00 |
| | 129 | 《创新人才培养特色校本课程开发与创新人才培养<br>——清华附中“国际安全下的科学技术”课程构建与实施》 | 王殿军　方　研<br>赵宏雁 | 30.00 |
| | 130 | 《创新人才培养：学校实验室建设与管理》 | 刘克文<br>杨发丽　杨　平 | 30.00 |
| | 131 | 《创新人才培养：数学探究活动开发与指导》 | 马云朋　韩继伟 | 30.00 |
| | 132 | 《创新人才培养：化学研究活动开发与指导》 | 王　磊 | 30.00 |
| | 133 | 《创新人才培养：物理探究活动开发与指导》 | 廖伯琴 | 30.00 |
| | 134 | 《创新人才培养：地理探究活动开发与指导》 | 张建珍　陈　澄 | 30.00 |
| | 135 | 《创新人才培养：生物探究活动开发与指导》 | 张迎春 | 30.00 |
| | 136 | 《创新人才培养：理念探索与思维突破》 | 王晶莹 | 30.00 |
| 新生代通派名师系列 | 137 | 《简约数学教学》 | 许卫兵 | 30.00 |
| | 138 | 《语文教学的本真——情意课堂展现母语之美》 | 吴建英 | 30.00 |
| | 139 | 《语文课堂的理想追求——欢快达成三维目标》 | 董一红 | 30.00 |
| | 140 | 《阅读教学的真髓——意象构建读出文学的真美》 | 祝　禧 | 30.00 |
| | 141 | 《美术教育的真谛——审美人生教育让生命绚丽成长》 | 陈铁梅 | 30.00 |
| | 142 | 《语文教学的理想境界——无痕教学润泽生命》 | 李　凤 | 30.00 |
| | 143 | 《儿童作文的本义——嬉乐作文让儿童乐并成长着》 | 王笑梅 | 30.00 |
| | 144 | 《名师是怎样炼成的》 | 王建明　王笑君 | 35.00 |
| 幼师成长系列 | 145 | 《幼儿行为背后——教师如何读懂幼儿的心思》 | 吴亚英 | 30.00 |
| | 146 | 《最具教育力的22种幼儿教育思想》 | 杨　达 | 30.00 |
| | 147 | 《幼儿教师必知的安全应急措施》 | 杨　达 | 30.00 |
| | 148 | 《幼儿教师必备的教育技能》 | 李　玲 | 30.00 |
| | 149 | 《卓越园长21条幼儿园管理策略》 | 周　丹　江东秋 | 30.00 |